Die vom Menschen geschaffene Welt

oder unsere androzentrische Kultur

Charlotte Perkins Gilman

Writat

Diese Ausgabe erschien im Jahr 2023

ISBN: 9789359254456

Herausgegeben von
Writat
E-Mail: info@writat.com

Inhalt

I. Was die Menschlichkeit betrifft.

Beginnen wir ganz harmlos mit den Schafen. Das Schaf ist ein Tier, mit dem wir alle vertraut sind und das häufig in religiösen Bildern verwendet wird. der gemeinsame Bestand an Malern; ein Grundnahrungsmittel; eine unserer Hauptquellen für Kleidung; und ein alltägliches Symbol für Schüchternheit und Dummheit.

In manchen Weidegebieten sind die Schafe ein Objekt des Schreckens, das durch allgegenwärtiges Knabbern Gras, Busch und Wald zerstört; In den großen Ebenen führt die Schafhaltung aufgrund der Einsamkeit des Hirten und des eintönigen Aussehens und Verhaltens der Schafe häufig zu Wahnsinn.

Der Dichter bevorzugt junge Schafe, das fröhlich herumtollende Lamm ; es sei denn, es handelt sich um Hymnen, in denen wiederholt beschrieben wird: „Alles, was wir mögen, Schafe" und viel Wert auf die fehlgeleiteten Neigungen des Tieres gelegt wird.

Für den wissenschaftlichen Geist besteht besonderes Interesse an der Gefügigkeit der Schafe, ihrer Angewohnheit, einander mit automatischer Nachahmung zu folgen. Dieser Instinkt, so wird uns erzählt, sei durch jahrhundertelange wilde Rennen in dichtem Gedränge auf schmalen Felsvorsprüngen, entlang von Abgründen, Abgründen, um plötzliche Abzweigungen und Ecken herum entwickelt worden, wobei nur der Anführer sah, wann, wo und wie er springen sollte. Wenn diejenigen, die dahinter standen, genauso sprangen wie er, überlebten sie. Wenn sie aufhörten, ein unabhängiges Urteil zu fällen, wurden sie abgestoßen und kamen um; sie und ihr Urteil mit ihnen.

All diese und viele ähnliche Dinge kommen uns in den Sinn, wenn wir an Schafe denken. Sie sind auch Mutterschafe und Widder. Ja, wirklich; aber was ist damit? Alles, was gesagt wurde, bezog sich auf Schafe *der Gattung Ovis* , dieses langweilige Tier, eine Mischung aus Hammelfleisch, Wolle und Torheit, die so weithin bekannt ist. Wenn wir an den Schäferhund (und die Hündin), den Hirten (und die Schäferin), an den wilden schaffressenden Vogel Neuseelands, den Kea (und die Kea-ess), denken, all diese Herden, Beschützer, oder töte die Schafe, sowohl Widder als auch Mutterschafe. Was Hammelfleisch, Wolle und den allgemeinen Charakter betrifft, denken wir nur an ihre Verlegenheit, überhaupt nicht an ihre Wildheit oder Wildheit . Was Schaf oder Rind, Hund, Katze oder Pferd ist, ist leicht als Unterscheidungsmerkmal dieser bestimmten Tierart zu erkennen und hat keinerlei Bezug zu deren Geschlecht.

Kehren wir zu unserem Hammelfleisch zurück und betrachten wir den Widder und dessen Charakter, der sich vom Schaf unterscheidet. Wir stellen fest, dass er eine eher streitsüchtige Veranlagung hat. Er scharrt mit den Pfoten auf der Erde und macht ein Geräusch. Er hat eine Tendenz zum Hintern. So auch eine Ziege – Mr. Ziege. Das gilt auch für Mr. Buffalo, Mr. Moose und Mr. Antelope. Diese Tendenz, sich mit dem Kopf voran auf einen Gegner zu stürzen – und jeden anderen Herrn sofort als Gegner zu erkennen – gilt offensichtlich nicht für Schafe, sondern für die *Gattung ovis* ; sondern für jedes männliche Geschöpf mit Hörnern.

Da „Funktion vor Organ" steht, können wir vielleicht sogar einen erinnernden Blick auf den langen Weg der Evolution werfen und sehen, wie der bloße Akt des Stoßens – leidenschaftlich und ständig wiederholt – geboren aus dem kriegerischen Geist des Mannes – Hörner hervorbrachte!

Das Mutterschaf hingegen zeigt Liebe und Fürsorge für seine Kleinen, gibt ihnen Milch und versucht, sie zu beschützen. Aber das gilt auch für eine Ziege – Mrs. Ziege. Das gilt auch für Mrs. Buffalo und die anderen. Offensichtlich ist dieser Mutterinstinkt keine Besonderheit der *Gattung Ovis* , sondern eines weiblichen Lebewesens.

Sogar der Vogel, obwohl er kein Säugetier ist, zeigt die gleiche Mutterliebe und Mutterfürsorge, während der Vatervogel, obwohl er kein Buttervogel ist, mit Schnabel, Flügel und Sporn kämpft. Seine Konkurrenz ist durch Zurschaustellung effektiver. Der Wunsch zu gefallen, das Bedürfnis zu gefallen, die überwältigende Notwendigkeit, sich die Gunst des Weibchens zu sichern , hat den männlichen Vogel wie einen Schmetterling erblühen lassen. Er erstrahlt in prachtvollem Gefieder, erhebt stolze Kämme und Kämme, zeigt herabhängende Kehllappen und herabhängende Kleckse, wie sie der Truthahn zu bieten hat; Auf ihm erscheinen lange, prächtige Federn als reiner Schmuck; Was bei ihr nur ein Schweifeffekt ist, wird bei ihm zu einer Masse glitzernder Vorhänge.

Rebhuhnhahn, Hofhahn, Pfau, vom Spatz bis zum Strauß, beobachte seine Miene! Stolzieren und schmachten; jeden schönen Reiz zur Schau zu stellen; Leichtigkeit, Komfort, Geschwindigkeit, alles – der Schönheit – ihr zuliebe zu opfern – das ist die Natur des He-Vogels jeder Art; das Merkmal, nicht des Truthahns, sondern des Hahns! Mit lautem Flügelschlag, Krähen und Quacksalbern und herrlichen Gesangsausbrüchen wirbt er um seinen Gefährten; zeigt seine Pracht vor ihr; kämpft erbittert mit seinen Rivalen. Stoßen – stolzieren – Lärm machen – alles aus Liebe; Diese Handlungen sind bei Männern üblich.

Wir können nun verallgemeinern und klar sagen: Das Männliche ist das, was dem Mann zusteht – jedem oder allen Männern, unabhängig von der Spezies. Das ist weiblich, was dem Weibchen gehört, allen oder allen

Weibchen, unabhängig von der Art. Dabei handelt es sich um Schafe, Rinder, Katzen, Hunde, Pferde oder Idioten, die zu dieser Art gehören, unabhängig vom Geschlecht.

Bei unserer eigenen Spezies ist das alles anders. Wir haben uns so sehr mit den Phänomenen Männlichkeit und Weiblichkeit beschäftigt, dass unsere gemeinsame Menschlichkeit weitgehend der Aufmerksamkeit entgangen ist. Wir wissen, dass wir von Natur aus Menschen sind, und sind sehr stolz darauf. aber wir bedenken nicht, worin unser Menschsein besteht; und auch nicht, wie Männer und Frauen diese nicht erreichen oder ihre Grenzen überschreiten könnten, indem sie ständig auf ihren besonderen Unterschieden beharren. Es ist „männlich", dies zu tun; es ist „weiblich", das zu tun; aber was ein Mensch unter den gegebenen Umständen tun sollte, darüber wird nicht nachgedacht.

Nur in extremen Fällen erkennen wir das, was wir „gemeinsame Menschlichkeit" nennen, wenn es um Leben und Tod geht; wenn von einem Mann oder einer Frau erwartet wird, dass sie sich so verhalten, als wären sie ebenfalls menschliche Geschöpfe. Da der Bereich der Gefühle und Handlungen, die der Menschheit als solche eigen sind, weitaus größer ist als der Bereich, der beiden Geschlechtern eigen ist, scheint es zunächst etwas bemerkenswert, dass wir ihm so wenig Anerkennung geschenkt haben.

Hier hilft uns eine kleine Einordnung. Wir haben bestimmte Eigenschaften mit der unbelebten Materie gemeinsam, wie zum Beispiel Gewicht, Undurchsichtigkeit, Widerstandsfähigkeit. Es ist klar, dass diese nicht menschlich sind. Wir haben andere Eigenschaften mit allen Lebensformen gemeinsam; Zellaufbau, zum Beispiel die Reproduktion von Zellen und der Bedarf an Ernährung. Auch diese sind nicht menschlich. Wir haben andere, viele andere, die den höheren Säugetieren gemeinsam sind; die nicht ausschließlich uns gehören – sind nicht eindeutig „menschlich". Was sind dann wahre menschliche Eigenschaften? Wie unterscheidet sich die menschliche Spezies von allen anderen Spezies?

Unser Menschsein lässt sich am deutlichsten in drei Hauptlinien erkennen: Es ist mechanisch, psychisch und sozial. Unsere Fähigkeit, Dinge herzustellen und zu nutzen, ist im Wesentlichen menschlich; Wir allein verfügen über außerphysische Werkzeuge. Zu unseren Zähnen haben wir Messer, Schwert, Schere und Mähmaschine hinzugefügt; zu unseren Krallen der Spaten, die Egge, der Pflug, der Bohrer, der Bagger. Wir sind ein vielgestaltiges Wesen, das die größere Gehirnleistung durch eine Vielzahl wechselnder Waffen nutzt. Dies ist einer unserer wichtigsten und entscheidenden Unterschiede. Uralte Tierrassen lassen sich anhand von Knochen und Muscheln nachweisen und erkennen, antike Menschenrassen anhand ihrer Gebäude, Werkzeuge und Utensilien.

Der Entwicklungsstand, der uns den menschlichen Geist verleiht, ist ein klarer Rassenunterschied. Der Wilde, der hundert zählen kann, ist menschlicher als der Wilde, der zehn zählen kann.

Wichtiger als beides ist die soziale Natur der Menschheit. Wir sind keineswegs das einzige Gruppentier; Diese uralte Art von Industrie, die Ameise und sogar die abgenutzte Biene sind soziale Wesen. Aber Insekten dieser Art leben allein. Menschen niemals. Unser Menschsein beginnt mit einer niedrigen Form sozialer Beziehung und nimmt mit der Entwicklung dieser Beziehung zu.

Das menschliche Leben jeglicher Art hängt von dem ab, was Kropotkin „gegenseitige Hilfe" nennt, und der menschliche Fortschritt hält absolut Schritt mit dem Austausch spezialisierter Dienste, der die Gesellschaft organisch macht. Der Nomade, der sich von seinem Vieh ernährt, wie Ameisen von ihrem Vieh, ist weniger menschlich als der Bauer, der durch intelligent angewandte Arbeit Nahrung anbaut; und die Ausweitung von Handel und Gewerbe, von bloßen dörflichen Marktplätzen zu den heutigen Weltbörsen, ist auch eine Erweiterung des Menschseins.

So betrachtet ist die Menschheit kein auf einmal geschaffenes und unveränderliches Ding, sondern eine Entwicklungsstufe; und ist, wie Wells es beschreibt, immer noch „im Entstehen". Unser Menschsein liegt nicht so sehr darin, was wir individuell sind, sondern vielmehr in unseren Beziehungen zueinander; und selbst diese Individualität ist nur das Ergebnis unserer Beziehungen zueinander. Es liegt in dem, was wir tun und wie wir es tun, und nicht in dem, was wir sind. Einige, die philosophisch veranlagt sind, stellen das „Sein" über das „Tun". Ihnen könnte die Frage gestellt werden: „Können Sie irgendeine Form des Lebens erwähnen, die lediglich ‚ist', ohne etwas zu tun?"

Für sich genommen und körperlich sind wir Tiere *der Gattung Homo* ; sozial und psychisch gesehen sind wir in unterschiedlichem Maße menschlich; und unsere wahre Geschichte liegt in der Entwicklung dieses Menschseins.

Unsere historische Periode ist nicht sehr lang. Wirklich geschriebene Geschichte reicht nur wenige tausend Jahre zurück und beginnt mit den Steinaufzeichnungen des alten Ägypten. In dieser Zeit gab es fast überall das, was wir hier eine androzentrische Kultur nennen. Die Geschichte, so wie sie war, wurde von Männern gemacht und geschrieben.

Die geistige, mechanische und soziale Entwicklung lag fast ausschließlich bei ihnen. Bisher haben wir in einer von Menschenhand geschaffenen Welt gelebt, gelitten und gestorben. Diese Bedingung war so allgemein und ungebrochen, dass ihre Erwähnung nicht mehr Aufsehen erregt als die Aussage eines Naturgesetzes. Wir haben es seit Anbeginn der Zivilisation als selbstverständlich angesehen, dass „Menschheit" „menschenartig" bedeutet und dass die Welt ihnen gehört.

Frauen haben wir scharf abgegrenzt. Frauen waren ein Geschlecht, „das Geschlecht", wie es in ritterlichen Trinksprüchen hieß; Sie wurden für besondere, der Weiblichkeit eigentümliche Dienste eingesetzt. Wie ein englischer Wissenschaftler es 1888 ausdrückte: „Frauen sind nicht nur nicht die Rasse – sie sind nicht einmal die Hälfte der Rasse, sondern eine Unterart, die nur der Fortpflanzung dient."

Diese Geisteshaltung gegenüber Frauen wird von Herrn HB Marriot-Watson noch deutlicher in seinem Artikel über „Die amerikanische Frau" im „Neunzehnten Jahrhundert" vom Juni 1904 zum Ausdruck gebracht, in dem er sagt: „Ihre konstitutionelle Unruhe hat sie zum Abdanken veranlasst." jene Funktionen, die allein ihre Existenz entschuldigen oder erklären. Dies ist ein besonders fröhlicher und komprimierter Ausdruck der relativen Stellung der Frau in unserer androzentrischen Kultur. Der Mann wurde als Rassentyp ohne eine einzige abweichende Stimme akzeptiert; und die Frau – ein seltsames, vielfältiges Geschöpf, ziemlich unharmonisch im gängigen Schema der Dinge – wurde entschuldigt und nur als Frau erklärt.

Sie brauchte Bände solcher Entschuldigungen und Erklärungen; offenbar auch eine Menge Beschimpfungen und Verurteilungen. In jedem Bibliothekskatalog können wir Bücher über Bücher über Frauen finden: physiologische, sentimentale, didaktische, religiöse – alle Arten von Büchern über Frauen als solche. Noch heute finden wir in den Werken von Marholm – dem armen jungen Weininger, Moebius und anderen – die gleiche ständige Diskussion über Frauen als solche.

Dies ist ein Buch über Männer – als solches. Es unterscheidet zwischen der menschlichen Natur und der sexuellen Natur. Es wird nicht so weit gehen, die männlichen Eigenschaften des Menschen als Entschuldigung oder Erklärung seiner Existenz zu behaupten, sondern es wird darauf hingewiesen, was männliche Eigenschaften sind, die sich von menschlichen unterscheiden, und welche Auswirkungen dies auf unser menschliches Leben hatte ungezügelte Dominanz eines Geschlechts.

Wir können sofort deutlich erkennen, was die Folge gewesen wäre, wenn alle menschlichen Angelegenheiten in weibliche Hände gelegt worden wären. Eine solch außergewöhnliche und bedauerliche Situation hätte die Welt „feminisiert". Wir hätten alle „weiblich" werden sollen.

Sehen Sie, wie der Fall in unserem Sprachgebrauch klar zum Ausdruck kommt. Die auf den Unterscheidungen der Frau beruhenden Adjektive und Ableitungen sind fremdartig und abwertend, wenn sie auf menschliche Angelegenheiten angewendet werden; „weiblich" – zu weiblich, bedeutet

Verachtung, hat aber keine männliche Entsprechung; wohingegen „entmannen" – nicht männlich genug – ein vorwurfsvoller Begriff ist und keine weibliche Entsprechung hat. „Männlich" – männlich, wir stellen „kindlich" – kindisch – im Gegensatz, und das Wort „Tugend" leitet sich von „ vir " – einem Mann – ab.

Sogar bei der Benennung anderer Tiere haben wir das Männchen als Rassetyp genommen und eine besondere Endung hinzugefügt, um „sein Weibchen" anzuzeigen, wie bei Löwe, Löwin; Leopard, Leopardin; während unser gesamtes menschliches System auf derselben stillschweigenden Annahme beruht; der Mensch wird als menschlicher Typus angesehen; Die Frau war eine Art Begleiterin und untergeordnete Assistentin, die für die Bildung von Menschen lediglich unerlässlich war.

Sie hat in Bezug auf den Menschen immer die Stellung einer Präposition inne. Man betrachtete sie als über ihm oder unter ihm, vor ihm, hinter ihm, neben ihm, als eine völlig relative Existenz – „Sydneys Schwester", „Pembrokes Mutter" – aber auf keinen Fall Sydney oder Pembroke selbst.

Ausgehend von dieser Annahme basieren alle menschlichen Maßstäbe auf männlichen Merkmalen, und wenn wir die Arbeit einer Frau loben möchten, sagen wir, sie habe „einen männlichen Geist".

Es ist nicht einfach, eine universelle Annahme zu leugnen oder umzukehren. Seit Beginn des Denkens hat der menschliche Geist viele Erschütterungen erlitten, doch nach jeder Umwälzung beruhigt er sich so friedlich wie die Weinbauern am Vesuv und akzeptiert die letzte Lavakruste als dauerhaften Boden.

Was wir unmittelbar um uns herum sehen, womit wir geboren werden und womit wir aufwachsen, seien es geistige oder körperliche Möbel, wir gehen davon aus, dass es sich um die Ordnung der Natur handelt.

Wenn eine bestimmte Idee seit vielen Generationen im menschlichen Geist verankert ist, wie es bei fast allen unseren gemeinsamen Ideen der Fall ist, bedarf es aufrichtiger und kontinuierlicher Anstrengung, sie zu beseitigen; Und wenn es eine der ältesten Ideen ist, die wir haben, eine der großen, verbreiteten und unbestrittenen Weltideen, so ist die Arbeit derjenigen, die sie ändern wollen, enorm.

Wenn es sich jedoch um eine wichtige Angelegenheit handelt, wenn die vorherige Idee ein offensichtlicher Fehler mit großer und böser Wirkung war und wenn die neue wahr und allgemein wichtig ist, lohnt sich die Anstrengung.

Die hier gestellte Aufgabe ist von dieser Art. Es soll zeigen, dass das, was wir die ganze Zeit über „menschliche Natur" genannt und verachtet haben, zum großen Teil nur männliche Natur war und an ihrer Stelle gut genug war; dass das, was wir „männlich" nannten und als solches bewunderten, größtenteils menschlich war und auf beide Geschlechter angewendet werden sollte; dass das, was wir „weiblich" nannten und verurteilten, ebenfalls weitgehend menschlich war und auf beide Geschlechter anwendbar war. Es zeigt sich, dass unsere androzentrische Kultur eine übermäßig männliche Kultur war und immer noch ist und daher unerwünscht.

Im Vorfeld der Auseinandersetzung mit diesen Tatsachen wird es gut sein, zu erklären, wie es sein kann, dass praktisch alle Menschen einen so weitreichenden und schwerwiegenden Fehler begangen haben. Der Grund liegt einfach darin, dass sie Männer waren. Sie waren Männer, und der Eifer sah Frauen als Frauen – und nicht anders.

Diese Überzeugung ist so absolut, dass der Mann, der es liest, sagen wird: „Natürlich! Wie sonst können wir Frauen betrachten, außer als Frauen? Sie sind Frauen, nicht wahr?" Ja, das sind sie, denn Männer sind zweifellos Männer; Aber es ist möglich, dass die Gemütsverfassung der alten Marquise, die von einer englischen Freundin gefragt wurde, wie sie es ertragen könnte, dass der Lakai ihr das Frühstück im Bett serviert – einen Mann in ihrem Schlafzimmer zu haben –, aufrichtig antwortete: „Rufen Sie an." Ist das Ding da ein Mann?"

Die Welt ist voller Menschen, aber ihre Hauptbeschäftigung ist menschliche Arbeit. und Frauen sehen in ihnen überwiegend den menschlichen Unterschied. Gelegentlich heiratet eine unglückliche Dame ihren Kutscher – offenbar hat die lange Betrachtung breiter Schultern Wirkung gezeigt; aber im Allgemeinen sehen Frauen das menschliche Geschöpf am meisten; die männliche Kreatur nur, wenn sie liebt.

Für den Mann war die ganze Welt seine Welt; seines, weil er männlich war; und die ganze Welt der Frau war ihr Zuhause; weil sie weiblich war. Sie hatte ihren vorgeschriebenen Wirkungskreis, der strikt auf ihre weiblichen Beschäftigungen und Interessen beschränkt war; er hatte den Rest seines Lebens; und nicht nur das, sondern bestand darauf, es männlich zu nennen, weil es so war.

Dies erklärt die allgemeine Haltung der Männer gegenüber der nun raschen Humanisierung der Frauen. Von ihren ersten schwachen Kämpfen um Freiheit und Gerechtigkeit bis zu ihren gegenwärtigen tapferen Bemühungen um vollständige wirtschaftliche und politische Gleichheit wurde jeder Schritt als „unweiblich" bezeichnet und als Eingriff in den Platz und die Macht des Menschen übel genommen. Hier zeigt sich die Notwendigkeit unserer neuen Klassifizierung der drei unterschiedlichen Lebensbereiche – männlich, weiblich und menschlich.

Tatsächlich gibt es eine „Frauensphäre", die scharf abgegrenzt und ganz anders ist als die seine; es gibt auch eine „menschliche Sphäre", die scharf begrenzt und noch begrenzter ist; aber es bleibt eine gemeinsame Sphäre – die der Menschheit, die beiden gleichermaßen gehört.

Im früheren Teil der sogenannten „Frauenbewegung" wurde sie scharf abgelehnt, mit der Begründung, Frauen würden „geschlechtslos" werden. Lassen Sie uns am Rande anmerken, dass sie in einer besonders offensichtlichen Hinsicht ungeschlechtlich geworden sind und dass niemand dies bemerkt oder Einwände dagegen erhoben hat.

Als Teil unserer androzentrischen Kultur können wir auf die eigentümliche Umkehrung der Geschlechtsmerkmale hinweisen, die dazu führt, dass die menschliche Frau die Last des Schmucks trägt. Von allen menschlichen Geschöpfen hat sie als Einzige das im Wesentlichen männliche Attribut einer besonderen Geschlechtsdekoration angenommen; Sie kämpft noch nicht für ihren Partner, aber sie erblüht als Pfau und Paradiesvogel, in einer ergreifenden Umkehrung der Naturgesetze, und trägt sogar männliche Federn, um ihre weiblichen Ziele zu fördern.

Die natürliche Arbeit der Frau als Frau ist die der Mutter; Die natürliche Arbeit des Menschen als Mann ist die des Vaters; Ihre wechselseitige Beziehung zu diesem Zweck ist eine Quelle der Freude und des Wohlbefindens, wenn sie richtig verstanden wird. Aber die menschliche Arbeit erstreckt sich über unser gesamtes Leben außerhalb dieser Fachgebiete. Jedes Handwerk, jeder Beruf, jede Wissenschaft, jede Kunst, alle normalen Vergnügungen und Freizeitaktivitäten, alle Regierung, Bildung, Religion; die ganze lebendige Welt menschlicher Errungenschaften: das alles ist menschlich.

Dass ein Geschlecht alle menschlichen Aktivitäten monopolisieren, sie „Männerarbeit" nennen und sie als solche verwalten sollte, ist mit dem Ausdruck „androzentrische Kultur" gemeint.

II. DIE VON KÜNSTLICHEN GEMACHTE FAMILIE.

Die Familie ist älter als die Menschheit und kann daher nicht als menschliche Institution bezeichnet werden. Ein Postamt ist heute ganz und gar menschlich; Kein anderes Lebewesen hat ein Postamt, aber es gibt viele Familien unter Vögeln und Tieren; alle Arten dauerhaft und vorübergehend; monogam, polygam und polyandrisch.

Wir müssen nun das Wachstum der Familie in der Menschheit betrachten; Was ist seine rationale Entwicklung in der Menschheit? in mechanischer, mentaler und sozialer Hinsicht; in der Ausweitung von Liebe und Dienst; und die Wirkung dieser seltsamen neuen Vereinbarung auf sie – ein männlicher Eigentümer.

Wie alle natürlichen Institutionen hat die Familie einen Zweck; und ist in erster Linie daran zu messen, wie es diesem Zweck dient; Das heißt, die Fürsorge und Erziehung der Jugend. Die hilflosen Kleinen zu schützen, sie zu ernähren und zu beherbergen, ihnen die Vorteile einer immer längeren Zeit der Unreife zu sichern und so die Rasse zu verbessern – das ist der ursprüngliche Zweck der Familie.

Wenn eine natürliche Institution menschlich wird, betritt sie die Ebene des Bewusstseins. Wir denken darüber nach; und in unserer seltsamen neuen Kraft des freiwilligen Handelns tun wir etwas dagegen. Wir haben der Familie seltsame Dinge angetan; oder genauer gesagt, Männer haben.

Balsac bemerkte in seiner bittersten Form: „Die Tugend der Frau ist die beste Erfindung des Mannes." Balsac hatte Unrecht. Tugend – die unerschütterliche Hingabe an einen Partner – ist bei Vögeln und einigen höheren Säugetieren weit verbreitet. Wenn Balsac Zölibat meinte, als er Tugend sagte, warum ist das dann eine der Erfindungen des Menschen – wenn auch nicht seine beste?

Was der Mensch der Familie angetan hat, ist im Großen und Ganzen, dass er sie von einer Institution, die den besten Dienst am Kind leistet, in eine Institution verwandelt hat, die auf seinen eigenen Dienst ausgerichtet ist, den Träger seines Komforts, seiner Macht und seines Stolzes.

Unter den schweren Millionen des aufgewühlten Ostens wird ein Kind – unbedingt ein männliches Kind – zum Ansehen und Ruhm des Vaters und seiner Väter gewünscht; statt dafür zu sorgen, dass Eltern nur dafür sorgen, dass sie dem Kind den besten Dienst erweisen. Die Ahnenverehrung, diese grobe Umkehrung aller Naturgesetze , ist völlig androzentrischen Ursprungs. Es ist unter den alten patriarchalischen Rassen am stärksten; bleibt im feudalen Europa bestehen; Selbst im heutigen Amerika lässt sich in einigen sporadischen Versuchen, die Taten unserer Vorfahren zu verherrlichen, nachvollziehen.

Das Beste, was jeder von uns für seine Vorfahren tun kann, ist, besser zu sein als sie; und wir sollten uns darauf konzentrieren. Wenn wir unsere Vergangenheit lediglich als Leitfaden nutzen und unsere edlen Gefühle auf die Gegenwart und Zukunft konzentrieren, werden wir uns schneller verbessern.

Die besonderen Veränderungen, die das Vorherrschen des Mannes im Familienleben mit sich brachte, sind leicht zu erkennen. Bei diesen Studien müssen wir die grundlegenden männlichen Merkmale klar im Auge behalten: Verlangen, Kampf, Selbstausdruck – alles legitim und richtig bei richtiger Anwendung; nur dann schelmisch, wenn es übertrieben oder fehl am Platz ist. Durch sie wird das Männchen zu einem erbitterten Wettstreit um die Gunst des Weibchens verleitet; in der überströmenden Glut des Gesangs, wie in Nachtigall und Kater; in verschwenderischer Pracht persönlicher Verzierungen, von der Fasanenbrust bis zur bestickten Weste; und im direkten Kampf um den Preis, von den verschlossenen Hörnern des Hirsches bis zu den klirrenden Speeren des Turniers.

Wir hoffen aufrichtig, dass sich kein Leser über die notwendigerweise häufige Erwähnung dieser wesentlichen Merkmale der Männlichkeit ärgern wird. In den vielen Büchern über Frauen ist es natürlich ihre Weiblichkeit, die untersucht und vertieft wird. Und obwohl Frauen nach Tausenden von Jahren solcher Diskussionen angesichts der ständigen Verwendung des Wortes „weiblich" etwas unruhig geworden sind, sollten Männer als rationale Wesen keine Einwände gegen eine analoge Studie haben – zumindest nicht für einige Zeit – ein paar Jahrhunderte lang oder so.

Wie wirken sich dann diese männlichen Tendenzen, Verlangen, Kampf und Selbstdarstellung auf das Zuhause und die Familie aus, wenn ihnen zu viel Macht gegeben wird?

Zuerst kommt die Wirkung in der Vorarbeit der Auswahl. Eine der erhebendsten Kräfte der Natur ist die Geschlechtswahl. Die Männchen, zahlreich und vielfältig, stecken eine Flut von Energie in große Veränderungen und wetteifern um das Weibchen, und dieses wählt den Sieger aus und sichert so der Rasse die neuen Verbesserungen.

Bei der Bildung der Eigentumsfamilie gibt es keinen solchen Wettbewerb, keine solche Auswahl. Der Mann trifft die Wahl – sei es durch Gewalt oder durch Kauf – er wählt die Art von Frau aus, die ihm gefällt. Die Natur wollte nicht, dass er wählte; er ist nicht gut darin. Auch das Weibchen war nicht dazu gedacht, an Wettkämpfen teilzunehmen – sie ist nicht gut darin.

Wenn es einen Wettlauf zwischen Männchen um einen Partner gibt, bekommt der Schnellste sie zuerst; aber wenn ein Männchen mehrere Weibchen jagt , erwischt es das langsamste zuerst. Die eine Methode verbessert unsere Geschwindigkeit, die andere nicht. Wenn Männchen untereinander um einen Partner ringen und streiten, sichert sich der Stärkste sie; Wenn das Männchen mit dem Weibchen kämpft und streitet (ein eigenartiger und unnatürlicher Horror, den nur Menschen kennen), sichert er sich am ehesten die Schwächsten. Die eine Methode steigert unsere Kraft, die andere nicht.

Als Frauen Eigentum der Männer wurden; verkauft und getauscht; von ihrem väterlichen Eigentümer an ihren ehelichen Eigentümer „verschenkt"; Sie verloren dieses Vorrecht der Frau, diese Urpflicht der Selektion. Die Männchen wurden durch ihre natürliche Konkurrenz um das Weibchen nicht mehr verbessert; und die Weibchen wurden nicht gebessert; denn der Mann wählte nicht Punkte der Rassenüberlegenheit, sondern solche Eigenschaften, die ihm gefielen.

Es gibt einen Ort in Nordafrika, wo junge Mädchen absichtlich mit einem bestimmten öligen Samen gefüttert werden, um sie fett zu machen – damit sie leichter heiraten können – da die Männer dicke Frauen mögen. Bei einigen wilderen afrikanischen Stämmen werden die Frauen des Häuptlings auf ihn vorbereitet, indem sie in kleinen dunklen Hütten gehalten und mit „Mehl" und Melasse ernährt werden; Genau wie eine Straßburger Gans für den Feinschmecker gemästet wird. Nun ist Fettleibigkeit kein wünschenswertes Rassenmerkmal; es trägt weder zum Glück noch zur Leistungsfähigkeit der Frau bei; oder zum Kind; es ist lediglich ein für den Meister angenehmes Accessoire; Seine Haltung ist ganz so, wie es die verliebte Monade in Sills urigem Gedicht „Fünf Leben" ekstatisch ausdrückt.

> *„O die Lippen der kleinen weiblichen Monade!*
>
> *O die Augen der kleinen weiblichen Monade!*
>
> *O die kleine, kleine, weibliche, weibliche Monade!"*

Diese Ultra-Kleinheit und Ultra-Weiblichkeit wurde von unserer androzentrischen Kultur gefordert und hervorgebracht.

Daraus folgt und teilweise die Auswirkung auf die Mutterschaft. Diese Funktion war die ursprüngliche und legitime Grundlage des Familienlebens; und seine reichliche unterstützende Kraft während der langen frühen Periode des „Mutterrechts"; oder wie wir es nennen, das Matriarchat; der Vater war ihr Assistent bei der großen Arbeit. Das Patriarchat mit seiner Eigentümerfamilie hat dies völlig geändert; die Frau, da das Eigentum des Mannes in erster Linie als Mittel zur Freude für ihn betrachtet wurde; und obwohl sie immer noch als Mutter geschätzt wurde, hatte sie doch eine

Nebenrolle. Ihre Kinder gehörten nun ihm; sein Eigentum, wie sie war; Die gesamte Technik der Familie wurde von ihrem eigentlichen Zweck auf diesen neuen, bisher unbekannten Dienst des erwachsenen Mannes umgestellt.

Bis heute leben wir unter dem Einfluss der Eigentümerfamilie. Es wird davon ausgegangen, dass die Pflicht der Frau sowohl den Dienst für Männer als auch für Kinder umfasst, und zwar weit mehr; denn die Pflicht der Frau gegenüber dem Ehemann geht weit über die Pflicht der Mutter gegenüber dem Kind hinaus.

Sehen Sie sich zum Beispiel die englische Frau an, die bei ihrem Mann in Indien bleibt und die Kinder zur Erziehung nach Hause schickt; weil Indien schlecht für Kinder ist. Sehen Sie sich unser Gewohnheitsrecht an, dass der Mann über den Wohnort entscheidet; Wenn die Frau sich weigert, mit ihm an einen Ort zu gehen, der für sie und die Kleinen noch so ungeeignet ist, stellt eine solche Weigerung ihrerseits „Fahnenflucht" dar und ist ein Scheidungsgrund.

Sehen Sie sich noch einmal die Idee an, dass die Frau beim Ehemann bleiben muss, obwohl sie betrunken oder krank ist; unabhängig von der Sünde gegen das Kind, die in einer solchen Beziehung verwickelt ist. Die öffentliche Meinung zu diesen Themen verändert sich tatsächlich; aber im Großen und Ganzen gelten die Ideale der Menschenfamilie immer noch.

Dies hatte für die Frau unweigerlich zur Folge, dass ihr Sinn für den wahren Zweck der Familie geschwächt und überschattet wurde; von der unerbittlichen Verantwortung ihrer Pflicht als Mutter. Zuerst wird ihr die Pflicht gegenüber ihren Eltern beigebracht, mit strenger religiöser Sanktion; und dann die Pflicht gegenüber ihrem Ehemann, die ebenfalls untermauert wurde; aber ihre Pflicht gegenüber ihren Kindern wurde ihrem Instinkt überlassen. In ihrer Kindheit wird ihr nicht beigebracht, dass sie eine überragende Macht und Pflicht als Mutter hat; Ihre jungen Ideale bestehen ausschließlich aus Hingabe an den Liebhaber und Ehemann: mit nur vagem Gefühl für Ergebnisse.

Das junge Mädchen wird in dem erzogen, was wir „Unschuld" nennen; poetisch als „Blüte" beschrieben; und dieser Zustand gilt als einer ihrer größten „Reize". Das Erfordernis ist völlig androzentrisch. Diese „Unschuld" ermöglicht es ihr nicht, einen Ehemann mit Bedacht auszuwählen; Sie kennt nicht einmal die Gefahren, die ihr möglicherweise bevorstehen. Wir stellen uns vage vor, dass ihr Vater oder Bruder, die es wissen, sie beschützen werden. Leider beurteilen der Vater und der Bruder die Antragsteller aufgrund unserer derzeitigen „Doppelmoral" nicht so, wie sie es tun würden, wenn sie die Art ihrer Straftaten wüssten.

Wenn ihr Herz außerdem an einen von ihnen hängt, können sie auch durch allgemeine Ratschläge und Widerstände nicht daran gehindert werden, ihn zu heiraten. "Ich liebe ihn!" sagt sie erhaben. „Es ist mir egal, was er getan hat. Ich werde ihm vergeben. Ich werde ihn retten!"

Dieser Geisteszustand dient dazu, die Interessen des Liebenden voranzutreiben, bringt aber für die Kinder keinen Vorteil. Wir haben die Pflichten der Frau vergrößert und die Pflichten der Mutter verringert; und dies ist unvermeidlich in einer Familienbeziehung, in der alle Gesetze und Bräuche vom männlichen Standpunkt aus geregelt sind.

Aus diesem gleichen Gesichtspunkt, der für die Besitzfamilie ebenso wichtig ist, ergibt sich die Forderung, dass die Frau dem Mann dienen soll. Ihr Dienst ist nicht der einer Partnerin und Gleichgestellten, wie wenn sie sich ihm in seinem Geschäft anschließt. Es handelt sich dabei nicht um eine vorteilhafte Kombination, wie wenn sie ein anderes Unternehmen ausübt und beide den Gewinn teilen; es handelt sich nicht einmal um die eines Spezialisten, sondern um die Dienstleistung eines Schneiders oder Friseurs; es ist persönlicher Dienst – die Arbeit eines Dieners.

Im Großen und Ganzen kochen und waschen, fegen und staubwischen, nähen und flicken die Frauen der Welt für die Männer.

Wir sind an diese Beziehung so gewöhnt; Ich habe es so lange für die „natürliche" Beziehung gehalten, dass es tatsächlich schwierig ist zu zeigen, dass es eindeutig unnatürlich und schädlich ist. Der Vater erwartet, von der Tochter bedient zu werden , ein Dienst, der ganz anders ist als der, den er vom Sohn erwartet. Dies zeigt sofort, dass ein solcher Dienst kein integraler Bestandteil der Mutterschaft oder gar der Ehe ist; sondern soll eigentlich die eigentliche berufliche Stellung der Frau sein.

Warum ist das so? Warum sollte man angesichts einer Tochter und eines Sohnes auf den ersten Blick von dem einen eine Art Dienst erwarten, den der andere als schändlich empfinden würde?

Der zugrunde liegende Grund ist dieser. Fleiß ist im Grunde eine weibliche Funktion. Die überschüssige Energie der Mutter manifestiert sich nicht in Lärm, Kampf oder Zurschaustellung, sondern in produktivem Fleiß. Aufgrund ihrer Mutterkraft wurde sie die erste Erfinderin und Arbeiterin; in Wahrheit die Mutter aller Industrie und aller Menschen zu sein.

Der Eintritt des Menschen in die Industrie erfolgt spät und widerstrebend; wie später bei der Behandlung seiner Wirkung auf die Wirtschaft gezeigt wird. In diesem Bereich des Familienlebens war seine Wirkung wie folgt:

Gründung der Eigentümerfamilie in einer Zeit, als die Industrie noch primitiv und heimisch war; und danach beschränkte er die Frau ausschließlich auf den häuslichen Bereich und beschränkte sie damit auf primitive Industrie. Die heimischen Industrien in den Händen von Frauen sind ein Überbleibsel unserer längsten Vergangenheit. Diese Arbeit war, wie alle damals bekannten Arbeiten, „Frauenarbeit"; Diese Arbeit wird immer noch als Frauenarbeit betrachtet, weil sie daran gehindert wurden, andere zu verrichten.

Der Begriff „heimische Industrie" definiert nicht eine bestimmte Art von Arbeit, sondern einen bestimmten Arbeitsgrad. Architektur war einst eine heimische Industrie – als jede wilde Mutter ihr eigenes Tipi aufstellte. Sich auf die heimische Industrie zu beschränken, ist keine angemessene Unterscheidung der Weiblichkeit; Es ist ein historischer Unterschied, ein wirtschaftlicher Unterschied, es setzt ein Datum und eine Grenze für den industriellen Fortschritt der Frau.

In dieser Hinsicht hat die von Menschen geschaffene Familie dazu geführt, dass die Entwicklung auf der Hälfte des Feldes gestoppt wurde. Wir haben eine Welt, in der die Menschen im 20. Jahrhundert industriell leben; und Frauen leben industriell im ersten und hinteren Teil davon.

Auf dieselbe Quelle führen wir auch die sozialen und pädagogischen Einschränkungen zurück, denen Frauen ausgesetzt sind. Der dominante Mann, der seine Frauen als Eigentum betrachtet und heftig eifersüchtig auf sie ist, indem er sie immer als *seine eigenen* betrachtet und sie nicht als zu sich selbst, ihren Kindern oder der Welt gehörend betrachtet; hat sie mit Beschränkungen aller Art abgesichert; körperlich, wie bei der verkrüppelten Chinesin oder der eingesperrten Odaliske; moralisch, wie in den unterdrückenden Lehren der Unterwerfung, die alle unsere androzentrischen Religionen lehren; mental, wie in der erzwungenen Unwissenheit, aus der Frauen jetzt so schnell herauskommen.

Diese abnormale Einschränkung der Frauen hat zwangsläufig der Mutterschaft geschadet. Der Mensch, frei, im Wachstum der Welt wachsend, ist im Laufe der Jahrhunderte gewachsen und hat ein immer größeres Spektrum weltweiter Aktivitäten erfüllt. Die gefesselte Frau ist nicht so groß geworden; und das Kind wird in einer fortschreitenden Vaterschaft und einer stationären Mutterschaft geboren. Somit reagiert die von Menschen geschaffene Familie ungünstig auf das Kind. Wir berauben unsere Kinder der Hälfte ihres sozialen Erbes, indem wir die Mutter in einer untergeordneten Position halten; Ganz gleich, wie legalisiert, geheiligt oder mit der Zeit verknöchert ist, die Stellung eines Hausangestellten ist minderwertig.

Aus diesem Grund ist die Kinderkultur auf einem so niedrigen Niveau und größtenteils völlig unbekannt. Heute, wo die Kräfte der Erziehung immer näher an die Wiege heranrücken, erwacht ein neues Bewusstsein für die Bedeutung der Kindheit und ihre klügere Behandlung; Dennoch gibt es nur wenige, die von einer solchen Bewegung wissen, und einige von ihnen begnügen sich damit, leichtfertiges Lob – und Bezahlung – zu verdienen, indem sie den richtigen Fortschritt herabsetzen, um die Vorurteile der Unwissenden zu befriedigen.

Der gesamte Standpunkt ist einfach und klar; und leicht bis zu seiner Wurzel zurückverfolgbar. In einer Besitzfamilie, in der der Mann die Frau in erster Linie für seine Befriedigung und seinen Dienst hält, dann schließt er sie zwangsläufig aus und behält sie für diese Zwecke. Wenn sie so gehalten wird, kann sie sich nicht menschlich entwickeln, wie er es getan hat, durch soziale Kontakte, soziale Dienste, echtes soziales Leben. (Nebenbei bemerken wir vielleicht ihre leidenschaftliche Vorliebe für das Kinderspiel namens „Gesellschaft", mit dem sie sich unterhalten durfte; dieses arme Simiacrum des wirklichen gesellschaftlichen Lebens, in dem sich Menschen schmücken und wie verrückt zusammendrängen und plaudern, wofür wird „Unterhaltung" genannt.) Aufgrund dieser eingeschränkten sozialen Entwicklung haben wir unseren Kindern nur eine minderwertige Mutterschaft zu bieten; und die Kinder, die unter den so künstlich aufrechterhaltenen primitiven Bedingungen aufgewachsen sind, treten mit einer falschen Perspektive ins Leben, nicht nur gegenüber Männern und Frauen, sondern gegenüber dem Leben als Ganzes.

Das Kind sollte in der Familie umfassend auf seine Beziehung zur Welt als Ganzes vorbereitet werden. Sein ganzes Leben muss er in der Welt verbringen und ihr gut oder schlecht dienen; und die Jugend ist die Zeit zu lernen, wie es geht. Aber das androzentrische Zuhause kann ihn nicht lehren. Wir leben heute in einer Demokratie – die Menschenfamilie ist ein Despotismus. Es könnte ein schwacher sein; der Despot kann von seinem kleinen Harem entthront und überwältigt werden; aber dann wird sie zur Despotin – das ist alles. Der Mann wird als „das Oberhaupt der Familie" angesehen; es gehört ihm; er hält daran fest; und der Rest der Welt ist ein weites Jagdrevier und Schlachtfeld, auf dem er seit jeher mit anderen Männern konkurriert.

Als das Mädchen hinausschaut, sieht es, dass dieses verbotene Feld ausschließlich den Männern gehört; und ihre Beziehung dazu besteht darin, sich eines zu sichern – nicht nur, damit sie lieben kann, sondern auch, damit sie leben kann. Er wird sie ernähren, kleiden und schmücken – sie wird ihm dienen; aus der Unterwerfung der Tochter unter die Unterwerfung der Frau tritt sie hervor; von einem Haus zum anderen und betritt niemals die Welt – die Welt des Menschen.

Der Junge hingegen betrachtet das Zuhause als einen Ort der Frauen, einen minderwertigen Ort, und sehnt sich danach, erwachsen zu werden und es zu verlassen – für die reale Welt. Er hat völlig recht. Der Fehler besteht darin, dass dieser große soziale Instinkt, der nach vollständiger sozialer

Betätigung, Austausch und Dienst verlangt, als männlich angesehen wird, während er menschlich ist und sowohl Jungen als auch Mädchen zusteht.

Das Kind wird zuerst durch die verzögerte Entwicklung seiner Mutter, dann durch den Stillstand der Heimarbeit beeinträchtigt; und weiter durch die falschen Ideale, die aus diesen Verhältnissen entstanden sind. Ein normales Zuhause, in dem die menschliche Gleichberechtigung zwischen Mutter und Vater herrschte, hätte einen größeren Einfluss.

Wir dürfen die Wirkung der Eigentumsfamilie auf den Eigentümer selbst nicht übersehen. Auch er wurde von dieser reaktionären Kraft etwas zurückgehalten. Im Prozess der Menschlichkeit müssen wir lernen, Gerechtigkeit, Freiheit und Menschenrechte anzuerkennen; wir müssen Selbstbeherrschung lernen und an andere denken; einen Geist haben, der rational wächst und sich erweitert; Wir müssen den breiten gegenseitigen Dienst und die grenzenlose Freude am gesellschaftlichen Verkehr und am Dienst erlernen. Der kleinliche Despot des Menschenhauses wird in seiner Menschlichkeit durch zu viel Menschlichkeit behindert .

Dass jeder Mann eine ganze Frau hat, die für ihn kocht und die ihn bedient, ist eine schlechte Erziehung zur Demokratie. Der Junge mit einer unterwürfigen Mutter, der Mann mit einer unterwürfigen Frau können nicht das Gefühl der Gleichberechtigung erreichen, das wir heute brauchen. Eine zu ständige Rücksichtnahme auf den Geschmack des Meisters macht den Meister egoistisch; und der Angriff auf sein Herz direkt oder über die sprichwörtliche Nebenstraße, den Magen, den die abhängige Frau machen muss, wenn sie etwas will, ist sowohl für den Mann als auch für sie schlecht.

Wir bilden langsam eine edlere Art von Familie; die auf Liebe basierende und gesetzlich anerkannte Vereinigung zweier Menschen, die aufgrund ihres Glücks und Nutzens aufrechterhalten wird. Wir nähern uns gerade jetzt einer Zärtlichkeit und Beständigkeit der Liebe, einer hohen, reinen, dauerhaften Liebe; verbunden mit der breiten, tief verwurzelten Freundlichkeit und Kameradschaft von Gleichen; was uns mehr Glück in der Ehe verspricht, als wir bisher gekannt haben. Es wird für alle Beteiligten – Mann, Frau und Kind – gut sein und unseren allgemeinen sozialen Fortschritt in bewundernswerter Weise fördern.

Wenn es „einen Kopf" braucht, wählt es einen provisorischen Vorsitzenden . Freundschaft braucht keinen „Kopf". Liebe braucht keinen „Kopf". Warum sollte eine Familie?

III. GESUNDHEIT UND SCHÖNHEIT.

HINWEIS: Das Wort „androzentrisch" verdanken wir Prof. Lester F.

Station. In seinem Buch „Pure Sociology", Kap. 14, beschreibt er

die androzentrische Lebenstheorie, bisher universell

akzeptiert; und stellt seine eigene „Gynäkozentrische Theorie" vor.

Alle, die sich für die tieferen wissenschaftlichen Aspekte interessieren

Wenn Sie diese Frage beantworten, empfehlen wir Ihnen dringend, dieses Kapitel zu lesen. Prof. Wards

Die Theorie ist meiner Meinung nach das Wichtigste, was es je gab

wurde der Welt seit der Evolutionstheorie geboten; und ohne

Ausnahme die wichtigste, die jemals vorgebracht wurde

was Frauen betrifft.

Zu den vielen Paradoxien, die wir im menschlichen Leben finden, gehört unser niedriger durchschnittlicher Gesundheits- und Schönheitsstandard im Vergleich zu unserer Kraft und unserem Wissen. Alle Lebewesen leiden unter Konflikten mit den Elementen; vor Feinden von außen und von innen – den umherstreifenden Verschlingern des Waldes und „dem Schrecken, der in der Dunkelheit wandelt" und den Körper von innen angreift, in verborgenen Millionen.

Bei Wildtieren gibt es im Allgemeinen einen gewissen Standard an Exzellenz; Wenn Sie einen Bären oder einen Vogel erschießen, handelt es sich um ein gutes Exemplar dieser Art; Du sagst nicht: „Oh, was für eine Hässlichkeit!" oder „Das muss ein Ungültiger gewesen sein!"

Wo wir ein Tier domestiziert und in seine natürlichen Gewohnheiten eingegriffen haben, ist Krankheit die Folge; Der Hund soll nach dem Menschen die meisten Krankheiten haben; als nächstes kommt das Pferd; aber die Wilden beschämen uns durch ihre überlegene Gesundheit und die Schönheit, die zu einer richtigen Entwicklung gehört.

In unserem langen Zeitalter der blinden Kindheit gehen wir davon aus, dass Krankheit eine Heimsuchung der Götter war; Einige glauben immer noch daran und halten es für ein besonderes Vorrecht der Gottheit, uns auf diese Weise zu quälen. Wir sprechen von „den Übeln, deren Erbe das Fleisch ist", als ob das Erbe zwangsläufig und unveräußerlich wäre. Erst in den letzten Jahren, nach viel Studium und langem Kampf mit diesem alten

Glauben, der uns dazu brachte, Krankheiten wie einen Schlag aus der Hand Gottes hinzunehmen, beginnen wir, etwas über die vielen Ursachen unserer vielen Krankheiten zu lernen und zu erfahren, wie wir einige davon beseitigen können von ihnen.

Es stimmt jedoch immer noch, dass fast jeder von uns bis zu einem gewissen Grad abnormal ist; die Gesichtszüge asymmetrisch, das Sehvermögen beeinträchtigt, die Verdauung unzuverlässig, das Nervensystem unregelmäßig – selbst bei dem, was wir „gute Gesundheit" nennen, sind wir nur ein Haufen Arbeit; und sind einer Last von Schmerz und vorzeitigem Tod ausgesetzt, die das Leben schrecklich machen würde, wenn es nicht so lächerlich unnötig wäre.

Was Schönheit angeht, denken wir nicht daran, sie zu erwarten, es sei denn, es handelt sich um seltene Ausnahmefälle. Schauen Sie sich die Gesichter – die Figuren – in jeder Menschenmenge an, der Sie begegnen. Vergleichen Sie den durchschnittlichen Mann oder die durchschnittliche Frau mit der normalen menschlichen Schönheit, wie sie uns in Bildern und Statuen gegeben wird. und überlegen Sie, ob es nicht einen allgemeinen Grund für einen so allgemeinen Zustand der Hässlichkeit gibt.

Darüber hinaus lassen wir unsere fehlerhaften Körper durch Kleidungsstücke verborgen; Was sind diese Kleidungsstücke, die der Gesundheit und Schönheit zuträglich sind? Trägt die praktische Hässlichkeit unserer Männerkleidung und die unpraktische Absurdität unserer Frauenkleidung zur menschlichen Schönheit bei? Schauen Sie sich unsere Häuser an – sind sie schön? Sogar die Häuser der Reichen?

Wir wissen nicht einmal, dass wir in einer Welt voller Schönheit leben sollten; und dass unser Beitrag dazu der schönste von allen sein sollte. Wir sind so durchnässt von der langweiligen Hässlichkeit unserer Innenräume und so daran gewöhnt, ein zahmes, langweiliges, dezentes Farbschema als „guten Geschmack" zu bezeichnen, dass nur Kinder es wagen, sich offen nach Schönheit zu sehnen – und sie werden schnell davon abgehalten.

Als Gründe für unseren niedrigen Gesundheits- und Schönheitsstandard werden insbesondere Unwissenheit, Armut und die schädlichen Auswirkungen spezieller Berufe angeführt. Der Mann mit der Hacke wird durch übermäßiges Hacken zum Bruder des Ochsen; der Anstreicher ist wegen seiner Malerei mit Blei vergiftet; Es wurden Bücher geschrieben, um den schädlichen Einfluss fast aller unserer Industriezweige auf die Arbeiter aufzuzeigen.

Diese Ursachen sind, soweit sie reichen, vernünftig; aber bedecken Sie nicht den ganzen Boden.

Der Bauer ist vielleicht muskelbepackt und gebückt von seiner Arbeit; aber das erklärt nicht seine Dyspepsie oder sein Rheuma.

Dann behaupten wir, dass Armut alles umfasst. Armut deckt einen guten Teil ab. Aber wenn wir feststellen, dass sogar ein halbgenährter Wilder besser entwickelt ist als ein gut bezahlter Kassierer; Und eine arme Bäuerin eine kräftigere Mutter als die müßige Frau eines reichen Mannes, Armut reicht nicht aus.

Dann sagen wir, Unwissenheit erklärt es. Aber es gibt die meisten gelehrten Professoren, die hässlich und asthmatisch sind ; es gibt sogar Ärzte, die sich keiner Schönheit und nur mäßiger Gesundheit rühmen können; Es gibt einige der verhätschelten Kinder der Reichen, denen von Geburt an jede Fürsorge geschenkt wird, und die immer noch schlecht anzusehen und, noch schlimmer, zu heiraten sind.

Auswirkungen weitaus universeller ist . Lasst uns auf unsere kleinen Vorfahren, die Tiere, zurückblicken und sehen, was sie so treu hält.

Der Typ selbst wird durch dieses Gleichgewicht von Bedingungen und Kräften bestimmt, das wir „natürliche Selektion" nennen. Wenn sich die Umwelt verändert , müssen sie sich daran anpassen. Wenn sie sich nicht anpassen können, sterben sie. Wer lebt, beweist durch sein Leben, dass er in der Lage ist, sich selbst zu erhalten. Jedes Geschöpf, das auf der Erde geblieben ist, während so viele weniger wirksame Arten ausgestorben sind, bleibt als Eroberer bestehen. Die Geschwindigkeit des Hirsches – die ständige Nutzung der Geschwindigkeit – hält ihn am Leben und macht ihn gesund und schön. Die vielfältigen Aktivitäten im Leben eines Leoparden haben die geschmeidige, anmutige Kraft entwickelt, die wir so bewundern. Es ist das, was das Geschöpf für seinen Lebensunterhalt tut, seine tägliche lebenslange Bewegung, die es zu dem macht, was es ist.

Aber es gibt noch eine andere große Naturkraft, die stetig daran arbeitet, alle Tiere auf dem Rassestandard zu halten; das ist sexuelle Selektion. In der gesamten Natur ist das Männchen die Variante, wie wir bereits festgestellt haben. Seine Energie entfaltet sich nicht nur in der üppigen Produktion dekorativer Anhängsel, die Ward als „männliches Aufblühen" definiert, sondern auch in Variationen, die nicht dekorativ, überhaupt nicht nützlich oder wünschenswert sind.

Bei den Weibchen hingegen gibt es viel weniger Unterschiede und sie bleiben näher am Rassentyp; und ihre Aufgabe besteht darin, aus diesen unterschiedlichen Männchen die Exemplare auszuwählen, die für die Rasse am wertvollsten sind. Im intensiven männlichen Wettbewerb muss der Sieger zwangsläufig stärker sein als seine Mitmenschen; Er erweist sich zunächst dadurch, dass er seiner Umgebung ebenbürtig ist, indem er erwachsen geworden ist, und dann als mehr als ebenbürtig gegenüber seinen Mitmenschen, indem er sie überwindet. Dieser höhere Selektionsgrad entwickelt nicht nur die für den Lebensunterhalt notwendigen Eigenschaften; aber sekundäre, oft rein ästhetischer Natur, die einen Großteil dessen ausmachen, was wir Schönheit nennen. Zwischen beiden muss jeder, der lebt, eine bestimmte Stufe erreicht haben, und diejenigen, die Eltern werden, müssen darüber liegen; sicherlich ein meisterhaftes Arrangement!

Hier haben wir im Laufe unserer Menschheitsgeschichte mit unserem neugeborenen Bewusstsein und unvollkommenen Wissen schwerwiegend in die Naturgesetze eingegriffen. Die alte Besitzfamilie behandelte die Frau wie eine Sklavin, hielt sie gefangen und unterwarf sie dem Willen ihres Herrn und schnitt sie sofort von der Ausübung derjenigen Aktivitäten ab, die allein den Rassentyp entwickeln und erhalten.

Nehmen Sie die eine einfache Qualität der Geschwindigkeit. Wir sind ein Geschöpf, das auf Geschwindigkeit ausgelegt ist, ein freies, schnelles, anmutiges Tier; und bei Wilden sieht man das immer noch – die Fähigkeit, Meile um Meile, Stunde um Stunde zu laufen. Laufen ist für *den Genus homo* ein ebenso natürlicher Gang wie für den *Genus cervus* . Nehmen wir nun an, dem Reh sei das Laufen verboten; der Hirsch läuft frei auf dem Berg weiter; Das Reh lebt in Höhlen und Pferchen und ist keiner Übung gewachsen. Die Auswirkung auf die Art wäre unweigerlich eine Verringerung ihrer Geschwindigkeit.

Indem wir die Frauen auf einen kleinen Aufgabenbereich beschränkten und in den meisten Fällen ans Haus gebunden waren, haben wir auf diese Weise in die natürliche Auslese und die daraus resultierende Gesundheit und Schönheit eingegriffen. Es ist leicht zu erkennen, welche Auswirkungen es auf die Rasse gehabt hätte, wenn alle Menschen verschleiert und in Tücher gehüllt, in Harems versteckt, im Zelt oder Haus festgehalten und auf die Tätigkeiten eines Hausdieners beschränkt gewesen wären. Unsere tapferen Arbeiter, unsere stolzen Soldaten, unsere Sportler wären unter solchen Umständen niemals erschienen. Die alleinige Beschränkung auf das Haus, die Frauen von Sonne und Luft abschneidet, ist an sich schon eine Verletzung; und das ihnen erlaubte Beschäftigungsspektrum ist nicht geeignet, einen hohen Gesundheits- oder Schönheitsstandard zu entwickeln. So haben wir die Hälfte der Rasse vom verstärkenden Einfluss der natürlichen Selektion abgeschnitten und so unsere Rassestandards erheblich gesenkt.

solche schädlichen Auswirkungen jedoch nicht verbergen können, wenn nicht unser weiterer Fehler darin gewesen wäre, die Reihenfolge der sexuellen Selektion in der Natur völlig umzukehren. Es ist durchaus möglich, dass Frauen durch diese großartige Funktion der Selektion auch unter Gefangenschaft und Restriktion das Rassenniveau einigermaßen hätten halten können; Aber hier liegt der große grundlegende Fehler der androzentrischen Kultur. In der Annahme, der Besitzer der Frauen zu sein, ihr Besitzer und Herr, der nach Belieben geben, kaufen und verkaufen oder damit tun könne, was er will, wurde der Mann zum Auswähler.

Es scheint eine einfache Änderung zu sein; und in jenen frühen Tagen, in denen die Naturgesetze völlig unbekannt waren, gab es keinen Verdacht, dass daraus Unheil entstehen würde. Im Lichte des modernen Wissens ist die Sache jedoch klar. Der Frau wurde die wohltuende Wirkung der natürlichen Selektion entzogen, und der Mann wurde dann durch seine eigene Tat von der strengen, aber erhebenden Wirkung der sexuellen Selektion befreit. Durch die natürliche Auslese wurde von der Frau nichts verlangt, außer einer solchen Fähigkeit, die ihrem Herrn gefallen sollte; Durch die sexuelle Selektion wurde von dem Mann nichts verlangt, außer der Macht, eine Frau mit Gewalt zu nehmen oder zu kaufen.

Hausangestellte oder gar Haushälterin zu sein, bedarf es keiner besonders hohen weiblichen Intelligenz, Kraft, Geschicklichkeit, Gesundheit oder Schönheit ; Zeuge des Durchschnitts.

Es bedarf keines sehr hohen Standards an Männlichkeit, Intelligenz, Stärke, Geschicklichkeit, Gesundheit oder Schönheit, um eine Frau in dieser Eigenschaft zu halten – Zeugenaussagen zufolge durchschnittlich.

Hier, an der Wurzel unseres physiologischen Prozesses, zu Beginn des Lebens, haben wir die Ordnung der Natur pervertiert und leiden unter den Folgen.

Einige sind der Meinung, dass der Mensch als Selektor Schönheit entwickelt hat, mehr Schönheit als wir zuvor hatten; und wir weisen auf die Reize unserer Frauen im Vergleich zu denen der Squaw hin. Die Antwort darauf ist, dass die Squaw einer dekadenten Rasse angehört; dass auch sie dem Mann unterworfen ist, dass der Vergleich, um Gewicht zu haben, zwischen unseren Frauen und den Frauen des Matriarchats angestellt werden sollte – eine offensichtliche Unmöglichkeit. Wir haben auf der Erde keine Frauen in einem Zustand normaler Freiheit und voller Entfaltung; aber wir haben genug Unterschiede in ihrer Platzierung, um zu lernen, dass die menschliche Stärke und Schönheit mit der Freiheit und Aktivität der Frau wächst.

Die zweite Antwort ist, dass vieles von dem, was der Mann Schönheit an der Frau nennt, überhaupt keine menschliche Schönheit ist, sondern eine grobe Überentwicklung bestimmter Punkte, die ihn als Mann ansprechen. Der oben erwähnte übermäßige Fettgehalt ist ein typisches Beispiel; Dass die Schönheit einer Frau in Wirklichkeit ein Element von Schwäche, Ineffizienz und Krankheit ist. Die relativ geringe Größe der Frauen, die bewusst bevorzugt, standhaft ausgewählt und so in die Rasse integriert werden, ist in jeder Hinsicht ein Schlag für den echten menschlichen Fortschritt. Auf unserer Reise nach oben sollten wir größer werden und werden es auch tun, wobei wir unsere zwergenhaften Vorfahren weit hinter uns lassen. Dennoch hat der Mann in seiner unnatürlichen Position als Selektor, der es sowohl aus praktischen als auch sentimentalen Gründen vorzieht, „seine Frau" kleiner zu haben als er selbst, absichtlich versucht, den Größenstandard in der Rasse zu senken. In den Romanen der letzten Generation lasen wir: „Er war ein großartiges Exemplar männlicher Natur" – „Ihr goldener Kopf reichte kaum bis zu seiner Schulter" – „Sie war ein Feenwesen – das kleinste seines Geschlechts." So haben wir uns gepaart und doch erwartet, dass durch irgendeinen Hokuspokus die Jungen alle „nach ihrem Vater" und die Mädchen nach ihrer Mutter „nachahmen" würden. Bei seinen Bemühungen, die Rasse anderer Tiere zu verbessern, hat der Mensch nie absichtlich versucht, Groß und Klein absichtlich zu kreuzen und zu erwarten, den Größenstandard beizubehalten.

Als Mann ist er von Ultra-Weiblichkeit angezogen und hat kaum über die Auswirkungen auf die Rasse nachgedacht. Er war nicht dazu bestimmt, die Auswahl zu treffen. Unter seiner Pflege haben wir eine Rasse von Frauen gezüchtet, die körperlich schwach genug sind, um wie Invaliden herumgereicht zu werden; oder geistig schwach genug, um so zu tun, als ob sie es wären – und es zu mögen. Wir haben Frauen geschaffen, die so perfekt auf die Kraft reagieren, die sie geschaffen hat, dass sie ihre ganze Vorstellung von Schönheit an jenen Eigenschaften festmachen, die Männer anziehen; manchmal menschlich hässlich, ohne es überhaupt zu wissen.

Zum Beispiel haben unsere lange Beschränkung auf Hausgrenzen, die starken Einschränkungen unserer Kleidung und die strengeren traditionellen Anstandsregeln dazu geführt, dass Frauen unverhältnismäßig kurze Beine haben. Dies ist eine besonders unwürdige und schädliche Eigenschaft, die bei Frauen gezüchtet und von Männern vererbt wird und am häufigsten bei den Rassen zu sehen ist, die ihre Frauen am engsten pflegen. Doch als eine Frau dieser Tendenz entkommt und mit normaler Oberschenkel- und Schienbeinlänge sowie normaler Hüft- und Schulterhöhe erscheint, wird sie von ihren untersetzten Schwestern kritisiert und als unbeholfen bezeichnet!

Der bequemste Beweis für die Minderwertigkeit von Frauen in Bezug auf menschliche Schönheit sind die zusammengesetzten Statuen, die Herr Sargent für die Weltausstellung 1993 angefertigt hat. Diese wurden anhand von Turnhallenmessungen Tausender junger College-Studenten beiderlei Geschlechts in ganz Amerika angefertigt. Die Statue des Mädchens hat ein hübsches Gesicht, kleine Hände und Füße und ziemlich schöne Arme, wenn auch schwach; aber die Beine sind zu dick und zu kurz; die Brust und die

Schultern sind schwach; und der Stamm ist in seiner Schwäche ziemlich erbärmlich. Die Figur des Mannes ist deutlich proportionierter.

Daher die Auswirkung männlicher Selektion auf die menschliche Schönheit.

Neben dieser positiven, verschlechternden Auswirkung der willkürlichen Wahl des Mannes auf Frauen kommt noch die negative Auswirkung der fehlenden Wahlmöglichkeit der Frau hinzu. Gekauft, gestohlen oder von ihrem Vater geschenkt, wurde ihr das angeborene weibliche Recht und die Pflicht zur Wahl entzogen. „Wer gibt dieser Frau?" Wir erkundigen uns immer noch in unserem archaischen Trauungsdienst, und ein Mann tritt vor und gibt sie einem anderen Mann.

Frei wählte das Weibchen den Sieger, und der Besiegte blieb ohne Partner – und ohne Nachkommen. Da sie abhängig sind und von irgendeinem Mann ernährt und versorgt werden müssen, treffen die Sieger vielleicht ihre Wahl, aber die Besiegten nehmen, was übrig bleibt; und die armen Frauen, die „für ein Zuhause heiraten", nehmen alles. Infolgedessen ist der unterlegene Mann genauso frei, seine Unterlegenheit weiterzugeben, wie der überlegene Mann, um bessere Qualitäten zu verleihen, und zwar über alle Maßen hinaus . Heutzutage sind Frauen freier, in manchen Ländern freier als in anderen; hier im modernen Amerika ist es am freiesten von allen; und das Ergebnis zeigt sich in unseren verbesserten Gesundheits- und Schönheitsstandards.

Dennoch bleibt das Feld des intermännlichen Wettbewerbs bestehen, nicht wahr? Kämpfen die Männchen nicht immer noch miteinander? Ist das nicht schon immer eine Quelle von Rassenvorteilen?

Bis zu einem gewissen Grad ist es so. Als das Leben einfach war und unsere Aktivitäten hauptsächlich aus Kämpfen und harter Arbeit bestanden; Der Mann, der die anderen besiegen konnte, war größer und stärker. Aber der intermännliche Wettbewerb hat keinen solchen Vorteil mehr, wenn wir in den Bereich der sozialen Dienste eintreten. Was in einer organisierten Gesellschaft erforderlich ist, ist die Spezialisierung des Einzelnen, die Entwicklung besonderer Talente, die nicht immer unmittelbar für den Menschen selbst, aber letztendlich für die Gesellschaft von Nutzen sind. Der beste Sozialdiener, der fortschrittlich ist und zukünftige Bedürfnisse erfüllt, ist gegenüber den etablierten niederen Typen fast immer im Nachteil. Für den sozialen Dienst benötigen wir Qualitäten, die sich von den einfachen männlichen Merkmalen deutlich unterscheiden – Verlangen, Kampf, Selbstausdruck.

Indem wir das, was wir „die Außenwelt" nennen, ganz und gar männlich halten, halten wir männliche Maßstäbe auf Kosten menschlicher Maßstäbe aufrecht. Dies lässt sich im Großen und Ganzen an der langsamen und schmerzhaften Entwicklung von Industrie und Wissenschaft im Vergleich zur leichten Dominanz der Kriegsführung in der gesamten Geschichte bis in unsere Zeit erkennen.

Die Auswirkungen all dieser ultra-männlichen Konkurrenz auf Gesundheit und Schönheit sind nur zu deutlich, um sie zu erkennen. Bei Männern wird die männliche Vorstellung davon, was gut aussieht, über alle Maßen betont. Lesen Sie über jeden „Helden", den Sie möchten; Oder studieren Sie die Werke des Illustrators und bemerken Sie die breiten Schultern, die markanten Gesichtszüge, den starken, eckigen, entschlossenen Kiefer. Dieser Kiefer ist sichtbar, wenn alles andere fehlschlägt. Er mag schielen, große Ohren haben, einen dicken Hals haben oder krummbeinig sein – was immer Sie wollen; aber er muss einen mehr oder weniger prognathen Kiefer haben.

In der Zwischenzeit wird Ihnen jeder Anthropologe zeigen, dass die Linie der menschlichen Entwicklung weg von den Merkmalen der Bulldogge und des Alligators und hin zur gemessenen Würde des griechischen Typs verläuft. Der Besitzer eines solchen Kiefers mag es dem Mann ermöglichen, den Mann zu erobern, macht ihn aber nicht zu einem größeren Dienst für die Gesellschaft; von besserer Gesundheit oder größerer Schönheit.

Welchen Einfluss hat die männliche Dominanz auf die äußere Dekoration unseres Körpers?

Wir haben zuvor über die besondere Stellung unserer Rasse gesprochen, in der die Frau das einzige weibliche Geschöpf ist, das die Last des Geschlechtsschmucks trägt. Diese erstaunliche Umkehrung der Ordnung der Natur führt im mildesten Fall zu einer Pervertierung der natürlichen weiblichen Instinkte der Liebe und des Dienens und zum Auftreten der männlichen Instinkte des Selbstausdrucks und der Zurschaustellung. Als einziges unter allen weiblichen Dingen schmücken und putzen sich Frauen und stellen (im wahrsten Sinne des Wortes!) ihr geliehenes Gefieder zur Schau, um die Gunst des Mannes zu erregen. Diese Schmach wird ihnen durch ihre wirtschaftliche Abhängigkeit aufgezwungen; und ihre allgemeine Hilflosigkeit. Da für sie das gesamte Leben davon abhängt, wen sie heiraten, und da sogar die Notwendigkeiten des Lebens so oft davon abhängen, dass sie jemanden heiraten, wurden sie in diese Form des Wettbewerbs getrieben, die der wahren weiblichen Einstellung so fremd ist.

Das Ergebnis reicht aus, um Engel zum Weinen und Lachen zu bringen. Vielleicht ging kein Schritt in der Evolution der Schönheit weiter als unsere menschliche Fähigkeit, ein zusammenhängendes Gewebe herzustellen; weich und beweglich, mit jeder gewünschten Farbe und Textur. Die Schönheit des menschlichen Körpers ist überwältigend, und wenn wir dazu noch den Farbfluss, die Wellen fließender Bewegungen hinzufügen, die ein weiches, leichtes Gewand über freien Gliedmaßen erzeugt, entsteht ein neues Feld der Lieblichkeit und Freude. Natürlich hätte dies die ganze Welt mit einem neuen Vergnügen erfüllen sollen. Unsere Kleidungsstücke entwickeln zunächst unter richtiger natürlicher Selektion eine perfekte Verwendung, unter richtiger Geschlechterselektion entwickeln sie Schönheit; Und je weiter sich unser menschlicher ästhetischer Sinn weiterentwickelt, desto mehr Kraft und Herrlichkeit, eine unaufhörliche Freude wäre das Zeigen einer edlen Symbolik gewesen.

Was ist der Fall?

Männer haben in einem zu streng intermaskulinen Umfeld die heute überwiegend nützliche, aber schöne Tracht entwickelt; und Frauen-?

Frauen tragen schöne Kleidungsstücke, wenn sie gerade in Mode sind; und hässliche Kleidungsstücke, wenn sie in Mode sind und keine Anzeichen dafür zeigen, dass sie den Unterschied erkennen. Sie zeigen keinen zusätzlichen Stolz auf das Schöne, keinen Anflug von Demütigung gegenüber dem Abscheulichen und sind nicht einmal empfindlich gegenüber Kritik oder offen für Überzeugungen oder Argumente. Warum sollten sie es sein?

Ihr Zustand, körperlich und geistig, ist weitgehend abnormal, ihre ganze leidenschaftliche Beschäftigung mit Kleidung und Schmuck ist abnormal, und sie haben bis zum heutigen Zeitalter nie einen ehrlich menschlichen Blick auf ihre Position und ihre Besonderheiten geworfen.

In Bezug auf die Auswirkungen unseres falschen Verhältnisses auf die Gesundheit der Welt haben wir davon gesprochen, dass der Zustand der Frauen und ihre belastende Kleidung die Kraft und das Wachstum beeinträchtigen. Es folgen andere Einflüsse mit ähnlichem Ursprung, deren Ergebnis jedoch noch schlimmer ist. Um eine grobe und kurze Klassifizierung vorzunehmen, können wir zwischen den Krankheiten unterscheiden, die auf schlechte Luft, auf schlechtes Essen und auf den Bereich des grausamen Unheils zurückzuführen sind, den wir gerade erst zu diskutieren beginnen – die Krankheiten, die direkt auf die fehlerhafte Beziehung zwischen Männern und Frauen zurückzuführen sind.

Wir sind die einzige Rasse, bei der die Weibchen für ihren Lebensunterhalt auf die Männchen angewiesen sind. Wir sind die einzige Rasse, die Prostitution praktiziert. Aus der ersten harmlos aussehenden, aber abnormalen allgemeinen Beziehung ergibt sich das wohlbekannte Übel der zweiten, das so lange als „gesellschaftliche Notwendigkeit" bezeichnet wurde, und aus dieser ergibt sich in tödlicher Folge der „Lohn der Sünde"; Tod nicht nur der Schuldigen, sondern auch der Unschuldigen. Es ist kein leichter Teil unserer Kritik an der androzentrischen Kultur, dass eine Gesellschaft, die ausschließlich auf männlichen Wünschen basiert, bereitwillig eine solche Armee von Frauen geopfert hat; und hat das Opfer mit den schwersten Strafen vergolten.

Dass die unglückliche Frau krank werden und sterben sollte, galt als ihre gerechte Strafe; dass auch der Mensch eine Teilstrafe tragen sollte, wurde für unvermeidbar gehalten, obwohl viele Gesetze und medizinische Anstrengungen unternommen wurden, um ihn zu schützen; Aber zu den weiteren Konsequenzen wacht die Gesellschaft erst jetzt auf.

IV. MÄNNER UND KUNST.

Zu den vielen Punkten, in denen Frauen nachweislich Männern in der menschlichen Entwicklung unterlegen sind, gehört der oft gehörte Vorwurf, dass es keine großartigen Künstlerinnen gebe. Wo ein oder zwei davon stolz zur Schau gestellt werden, werden sie entweder als nicht sehr großartig verunglimpft oder als unbedeutende Ausnahmen angesehen, die nur die Regel bestätigen.

Frauenverteidiger machen im Allgemeinen den Fehler, ihre Leistungen zu überschätzen, anstatt die sichtbaren Fakten zu akzeptieren und zu erklären. Welche Fakten gibt es zum Verhältnis von Männern und Frauen zur Kunst? Und welche Auswirkung hatte insbesondere ein ausschließlich männlicher Ausdruck auf die Kunst?

Wenn wir nach den Anfängen der Kunst suchen, befinden wir uns in einer Zeit der groben Verzierung von Personen und persönlichen Gegenständen. Das Tätowieren zum Beispiel ist eine frühe Form der dekorativen Kunst, die in bestimmten Schichten, selbst bei fortgeschrittenen Menschen, immer noch praktiziert wird. Wenn die meisten Jungen mit dieser frühen Kunst in Berührung kommen, bewundern sie sie und möchten sich damit schmücken; manche tun es – zur späteren Demütigung. Die frühe persönliche Dekoration bestand größtenteils aus der direkten Verstümmelung des Körpers und dem Aufhängen oder Befestigen von dekorativen Gegenständen daran. Dies sehen wir immer noch bei den Wilden, in groben und primitiven Formen, die von Männern monopolisiert, dann von Frauen geteilt und in unserer Zeit fast vollständig ihnen überlassen werden. In der persönlichen Dekoration sind Frauen heute immer noch dem Wilden nahe. Die in diesem Bereich der Kunst entwickelten „Künstler" sind Tonsorial, Schneider und all jene spezialisierten Körperverschönerer, die gemeinhin als „Schönheitsärzte" bekannt sind.

Hier wie auch in anderen Fällen sind die größten Künstler Männer. Die größten Hutmacher, die größten Schneider und Schneider, die größten Friseure und die Meister und Designer all unserer dekorativen Toilettenartikel und Accessoires sind Männer. Frauen konsumieren in dieser wie in vielen anderen Branchen eher, als dass sie produzieren. Sie tragen heute den größten Teil der persönlichen Dekoration; aber der Dekorateur ist der Mann. Bei der Dekoration von Gegenständen brachte die Frau als Urheberin der primitiven Industrie auch die primitiven Künste hervor; und in der Töpferei, Korbflechterei, Lederarbeit, Handarbeit, Weberei, mit allen Perlenarbeiten, Färbereien und Stickereien der alten Völker sehen wir die Arbeit der Dekorateurin. Vieles davon ist stark und schön, aber seine Zeit ist längst vorbei. Die Kunst, die Teil der Industrie ist, natürlich, einfach, spontan, jedem Gebrauchsgegenstand Schönheit verleiht und der Arbeit und dem Leben Freude bereitet, ist keine Kunst mit einem großen A, die Kunst, die Künstler erfordert, unter denen es so wenige Frauen gibt Bemerkenswert.

Die Kunst als Beruf und der Künstler als Fachmann kamen später hinzu; und zu diesem Zeitpunkt hatten Frauen die Freiheit und Macht des Matriarchats verlassen und waren in unterschiedlichem Maße Sklavinnen geworden. Die Frauen, die müßige Haustiere in Harems waren, oder die Frauen, die hart als Dienerinnen arbeiteten, waren gleichermaßen von der Freude am Herstellen von Dingen abgeschnitten. Wo ihnen die konstruktive Arbeit blieb, blieb die Kunst in ihrer frühen dekorativen Form. Männer aus der Besitzfamilie beschränkten den natürlichen Fleiß der Frauen auf den persönlichen Dienst, schnitten mit ihrem Fleiß ihre Kunst ab und verarmten so die Welt.

Es gibt keinen auffallenderen und erbärmlicheren Beweis für die abgebrochene Entwicklung von Frauen als diese Alltäglichkeit – ihr Fehlen eines zivilisierten Sinns für Kunst. Nicht nur in der kindlichen und wilden Zurschaustellung ihrer Körper, sondern auch in den erbärmlichen Produkten, die sie an den Wänden des Hauses hängen, erkennt man den Stillstand im normalen Wachstum.

Nach Zeitaltern der Kultur, in denen Männer Architektur, Bildhauerei, Malerei, Musik und Theater entwickelt haben, finden wir Frauen in ihrer primitiven Umgebung, die Blumen aus Wachs, Haaren und Kammgarn herstellen; sie malten Mottos aus perforiertem Karton, machten verrückte Steppdecken und Matten und „Ordnungen“ – als lebten sie in einer längst vergangenen Zeit oder gehörten einer niedrigeren Rasse an.

Als Teil der allgemeinen Verletzung von Frauen seit den Anfängen unserer androzentrischen Kultur wirkt sich dies stark auf die Welt als Ganzes aus. Männer, die sich spezialisiert haben und ihr Leben der kontinuierlichen Verfolgung einer bestimmten Dienstlinie gewidmet haben, haben unseren Standard in der ästhetischen Kultur erhöht, wie sie es auch in anderen Bereichen getan haben; aber indem sie den Frauen das gleiche Wachstum verweigerten, haben sie nicht nur die Produktion geschwächt und reduziert, sondern gleichsam den Markt ruiniert und das Geschmacksniveau hoffnungslos und dauerhaft niedrig gehalten.

Unter den vielen Seiten dieser großen Frage, manche so schrecklich, manche so erbärmlich, manche so völlig absurd, ist diese besondere Lebensphase besonders leicht zu studieren und zu verstehen und hat ihre eigenen Elemente der Unterhaltung. Männer, die Frauen auf der Ebene des häuslichen Dienstes festhielten und einsam zu Höhenflügen aufstiegen, mussten feststellen, dass ihre Bemühungen durch die erstaunliche Gleichgültigkeit der Welt im Allgemeinen behindert und ihre Erfolge unfruchtbar und unbefriedigend geworden sind. Da die Welt im Großen und Ganzen zur Hälfte aus Frauen und zur Gänze aus ihren Kindern besteht, scheint es für den gemeinsten Verstand offensichtlich, dass den Frauen erlaubt werden muss, aufzusteigen, um die Welt zu erheben. Aber das war bisher nicht die Methode.

Bisher haben wir in diesem Kapitel über die Wirkung von Männern auf die Kunst durch ihre Einmischung in die Kunst von Frauen gesprochen. Die Frage hat noch andere Seiten. Betrachten wir noch einmal die wesentlichen Merkmale des Männlichseins und sehen wir, wie sie sich auf die Kunst ausgewirkt haben, wobei wir stets die dreieinige Unterscheidung zwischen männlich, weiblich und menschlich im Auge behalten. Vielleicht können wir diesen Unterschied am besten erkennen, wenn wir uns überlegen, wie die Entwicklung der Kunst auf rein menschlicher Ebene verlaufen sein könnte.

Der Mensch als solcher hat von Natur aus Freude am Bauen und fügt dem Bauen ebenso selbstverständlich Verzierungen hinzu. Der Koch, der kleine regelmäßige Muster um den Rand des Kuchens malt, tut dies aus einem rein menschlichen Instinkt heraus, der angeborenen Augenfreude an Regelmäßigkeit, Symmetrie, Wiederholung und Abwechslung. Wäre dieser natürliche soziale Instinkt in uns unkontrolliert gewachsen, hätte er sich in einem gewissen Anteil an Spezialisten – Künstlern aller Art – und einer damit einhergehenden Entwicklung der Wertschätzung auf Seiten des Rests von uns manifestiert. Dies ist in der primitiven Kunst der Fall; Die Schöpferin von Schönheit wird durch die allgemeine Wertschätzung ihrer Arbeit – oder seiner – gestützt und belohnt.

Wäre dieser Zustand bestehen geblieben, würden wir ein weitaus höheres allgemeines Maß an künstlerischem Ausdruck und Wertschätzung vorfinden, als wir es jetzt sehen. Nehmen wir zum Beispiel den einen Bereich der Textilkunst: dieses umfassende und fließende Ausdrucksmittel, die Herstellung verschiedener Stoffe, die Gestaltung von Kleidungsstücken und deren Dekoration – all das ist menschliche Arbeit und menschliches Vergnügen. Es hätte uns in einen Zustand führen sollen, in dem jeder Mensch eine Augenweide darstellt, angemessen und schön gekleidet.

Unser tatsächlicher Zustand auf diesem Gebiet ist zu offenkundig, als dass er hervorgehoben werden müsste; die steife, schwarze Hässlichkeit der Kleidung unserer Männer; die irritierend vielfältige Torheit unserer Frauen; die Art und Weise, wie wir durch Kleidung die Schönheit der Kindheit verderben und ihre Würde beschämen.

Bei normalem menschlichem Wachstum wären unsere Häuser eine Augenweide; Unsere Möbel und Gebrauchsgegenstände, alle unsere gesellschaftlichen Produkte würden so natürlich zu Schönheit erblühen, wie sie es immer noch in jenen niedrigen Stadien der sozialen Entwicklung tun, in denen unsere großen Fehler noch nicht ihre vollen Früchte getragen haben.

jedem Menschen bis zu einem gewissen Grad gemeinsam ist , sei es in der Produktion oder in der Wertschätzung oder in beidem. „Reine Kunst" als Ideal ist auch menschlich; und die aufrichtige Hingabe des wahren Künstlers an dieses Ideal ist eine der höchsten Formen des sozialen Opfers. Von all den tausend Arten, auf die sich die Menschheit für den gegenseitigen Dienst spezialisiert hat, ist keine exquisiter als diese; die Entwicklung des sozialen Auges, Ohrs oder der Stimme, die Entwicklung derjenigen, deren Arbeit ausschließlich für andere gilt und für die die Wertschätzung anderer wie das Brot des Lebens ist. Das sollten wir in einer gut entwickelten Gemeinschaft haben; die Freude an der angewandten Kunst bei der Herstellung und Nutzung von allem, was wir haben; und dann breitete sich die große Freude über den großen Künstler und sein edles Werk weit und breit aus.

Was finden wir?

Angewandte Kunst auf sehr niedrigem Niveau; kleine Freude entweder für den Hersteller oder den Benutzer. Reine Kunst, eine fein gesponnene Spezialität, ein Prozess, der von wenigen Auserwählten betrieben wird, die die undankbare Menge offen verachten. Kunst ist zu einem okkulten Beruf geworden, der eine lange Spezialausbildung erfordert, um überhaupt Freude daran zu haben, und einen kritischen Jargon entwickelt, der von Jahr zu Jahr esoterischer wird.

Lassen Sie uns nun sehen, welchen Anteil an diesem unerwünschten Ergebnis unsere androzentrische Kultur hat.

Sobald der Mann unserer Spezies das ausschließliche Recht annahm, alle sozialen Funktionen auszuüben, brachte er zwangsläufig die Vor- und Nachteile der Männlichkeit, dieser dominanten Eigenschaften, des Verlangens, des Kampfes und des Selbstausdrucks, in diese Leistung ein.

Das Verlangen hat die Kunst in vielen sichtbaren Formen übergewichtet; Es ist in der Malerei und in der Musik vorherrschend, dominiert fast die Fiktion und hat den Tanz erbärmlich degradiert.

Der Kampf lässt sich in der Kunst nicht so leicht ausdrücken, wo sogar der Wettbewerb auf hohem Niveau stattfindet; Aber das letzte Element ist das größte Übel: der Selbstausdruck. Dieser Impuls ist von Natur aus und unausrottbar männlich. Es beruht auf der grundlegendsten Unterscheidung zwischen den Geschlechtern, den Zentripetal- und Zentrifugalkräften des Universums. In der Natur der Samenzelle und der Keimzelle finden wir diesen Unterschied: Die eine zieht an, sammelt, zieht an; der andere stößt ab, zerstreut, drängt hinaus. Dieser projektive Impuls ist überall in der männlichen Natur zu sehen; der ständige Drang nach Ausdruck, nach

Prahlerei und Zurschaustellung. Dieser Geist ist, wie alles Männliche, an seiner Stelle völlig richtig und bewundernswert.

Es ist die Pflicht des Mannes als Mann, zu variieren; Es bricht in tausend wechselnden Modifikationen hervor – das Weibchen kann, indem es es auswählt, so vorteilhafte Veränderungen in die Rasse einbauen. Es ist seine Pflicht, sich so auszudrücken – eine im Wesentlichen männliche Pflicht; Aber Männlichkeit ist eine Sache und Kunst eine andere. Weder das Männliche noch das Weibliche hat in der Kunst einen Platz – Kunst ist menschlich.

Es ist nicht im geringsten mit den persönlichen Reproduktionsprozessen verbunden; sondern ist ein sozialer Prozess, ein ganz besonderer sozialer Prozess, der weit über der Ebene des Geschlechts liegt. Der wahre Künstler transzendiert sein Geschlecht oder ihr Geschlecht. Ist dies nicht der Fall, leidet die Kunst.

Tanzen ist eine frühe und schöne Kunst; direkter Ausdruck von Emotionen durch den Körper; beginnend beim Untermenschentyp, bei männlichen Vögeln, wie dem Laubenvogel Neuguineas und dem tanzenden Kranich, der vor seinen Partnern schwingt und herumspringt. Bei den frühen Völkern war es eine übliche Form des sozialen Ausdrucks in Stammestänzen aller Art, ob religiös, militärisch und anders. Später wird es zu einer expliziteren Form des Feierns, wie bei den Griechen; In deren exquisiter persönlicher Kultur Tanz und Musik einen hohen Stellenwert hatten.

Aber unter den fortschreitenden Auswirkungen der rein männlichen Dominanz werden die umfassenderen menschlichen Elemente des Tanzes ausgeblendet und das Sexelement immer mehr betont. Da Tanzen nur von Männern praktiziert wird, ist es zu einer bloßen Zurschaustellung körperlicher Beweglichkeit geworden , eine Form der Zurschaustellung, die allen Männern gemeinsam ist. So wie sie von Männern und Frauen gemeinsam praktiziert werden, gibt es unsere Gesellschaftstänze, denen es an all der vielfältigen Schönheit der Körperhaltung und des Ausdrucks mangelt und die immer mehr zu einer angenehmen Form der Affäre werden.

Wie allein von Frauen praktiziert, haben wir einen der deutlichsten Beweise für die erniedrigende Wirkung männlicher Dominanz: das tanzende Mädchen. In der offenen Sinnlichkeit des Orients wird diese Persönlichkeit aufgrund ihrer Verdienste bewundert und genossen. Wir, die in dieser Angelegenheit kultivierter sind, scherzen beschämt über „den kahlköpfigen Krach" und brechen gelegentlich in einen schrillen Skandal aus, wenn es um eine Dinnerparty geht, bei der Damen mit Schleier und Armreif auf dem Tisch tanzen. Nirgendwo sonst im gesamten Spektrum des Lebens auf der Erde findet man diese Erniedrigung – das Weibchen, das vor dem Männchen herumtollt und tänzelt. Es ist absolut und im Wesentlichen seine Funktion, nicht ihre. Dass wir als Rasse dieses erbärmliche Schauspiel bieten, eine natürliche Kunst, die zu unnatürlichen Zwecken ausgenutzt wird, eine edle Kunst, die zu unedlen Zwecken erniedrigt wird, hat einen klaren Grund.

Architektur ist ihrer Natur nach am wenigsten von dieser Ursache betroffen. Die dadurch gesicherten menschlichen Bedürfnisse sind so menschlich, so unausweichlich menschlich, dass wir weniger Spuren übermäßiger Männlichkeit finden als in anderen Künsten. Es entspricht unseren gesellschaftlichen Ansprüchen, es drückt in bleibender Form unser gesellschaftliches Gefühl aus, bis in die Höhe; und es wurde weniger durch ein Übermaß an Männlichkeit als vielmehr durch einen Mangel an Weiblichkeit geschädigt.

Der universellste architektonische Ausdruck findet sich im Zuhause; das Zuhause ist im Wesentlichen ein Ort für die Frau und das Kind; Dennoch kommen die Bedürfnisse von Frau und Kind in unserer häuslichen Architektur nicht zum Ausdruck. Das Haus ist nach antiken Vorbildern gebaut, hauptsächlich als Industrieform; Die Küche ist ihr Arbeitszentrum und nicht das Kinderzimmer.

Jeder Mann möchte, dass sein Zuhause seine Frau, seinen kleinen Harem, bewahrt und zurückzieht; und darin soll sie für seinen Trost arbeiten oder seine Fähigkeit zum Ausdruck bringen, sie im Müßiggang zu erhalten. Das Haus ist der physische Ausdruck der Einschränkungen der Frau; und als solches erfüllt es die Welt mit einer kleinen tristen Hässlichkeit. Ein Wohnhaus ist selten ein schönes Objekt. Um dies zu sein, sollte es wirklich einfache und natürliche Beziehungen zum Ausdruck bringen; oder in größerer Schönheit wachsen, während sich unser Leben weiterentwickelt.

Der Stillstand des architektonischen Fortschritts, das niedrige Niveau unseres allgemeinen Geschmacks, die ewige Vorherrschaft des Alltäglichen in Gebäuden sind die natürliche Folge der Eigentumsfamilie und ihres Ausdrucks in dieser Form.

In der Bildhauerei haben wir es mit einer edlen Kunst zu tun, die sich durch viele Einschränkungen zu einem Dienst zwingt. Die Kontrolle, soweit sie unter diese Studienrichtung fällt, wurde in unserem letzten Kapitel angedeutet; Die Erniedrigung des menschlichen Körpers, die bösartigen Standards des Sexualbewusstseins, die unter dem Namen der Bescheidenheit durchgesetzt werden, die verdeckte Hässlichkeit, die wir nicht erkennen, all dies ist eine tödliche Verletzung der freien, hohen Arbeit in der Bildhauerei.

Mit einer edel ebenbürtigen Weiblichkeit, standhaft und athletisch; mit den hohen Ansprüchen an Schönheit und Anstand, die wir ohne freie Weiblichkeit niemals erreichen können; Wir sollten in dieser großartigen Kunst ein anderes Produkt zeigen.

Eine interessante Bemerkung am Rande ist folgende: Wenn wir versuchen, unsere edelsten Ideen, die Wahrheit, gesellschaftlich auszudrücken; Gerechtigkeit; Freiheit; Wir nutzen den Körper der Frau als höchsten menschlichen Typ. Aber indem er dies tut, schenkt uns der Künstler, der der Menschlichkeit treu und nicht vom Geschlecht voreingenommen ist , eine starke, großartige Figur, zwar schön, aber nie *dekoriert* . Fancy Liberty in Rüschen und Rüschen, mit Ringen in den Ohren – oder der Nase.

Musik wird durch eine einseitige Handhabung verletzt, teils im Übermaß an der einen vorherrschenden männlichen Leidenschaft, teils durch die allgemeine Präsenz des Egoismus; diese Tendenz zum Selbstausdruck statt zum sozialen Ausdruck, die unsere Kunst so entstellt; und das gilt auch für die Poesie.

Meilen um Meilen der Poesie bestehen aus dem unaufhörlichen Aufschrei des Mannes nach der Frau, der als Merkmal des menschlichen Lebens keineswegs so überwältigend ist, wie er es sich vorstellt; und andere Meilen drücken seine anderen Gefühle aus, mit jenem naiven Mangel an Zurückhaltung, der im Grunde genommen männlich ist. Wenn der Dichter einen Schmerz hat, muss er ihn unbedingt ausdrücken, damit sein Leid geteilt und mitgefühlt wird.

Da immer mehr Schriftstellerinnen in dieses Fachgebiet strömen, gibt es Raum für feine historische Studien über die Unterschiede im Sexualgefühl und die allmähliche Entstehung der menschlichen Note.

Die Literatur und insbesondere die Kunst der Belletristik ist ein so großes Feld für diese Studie, dass sie ein eigenes Kapitel haben wird; dieses hier geht aber auf diese verschiedenen Formen ein; und Angabe von Beobachtungslinien.

Die bekannteste Kunstform, die meiner Meinung nach keiner näheren Beschreibung bedarf – die Malerei – ist ebenfalls ein weites Feld; und kann innerhalb dieser Grenzen nicht in vollem Umfang gerecht werden. Die Wirkung von zu viel Männlichkeit liegt nicht so sehr in der Wahl des Themas, sondern vielmehr in der Methode und dem Geist. Der Künstler sieht Schönheit von Form und Farbe, wo der gewöhnliche Betrachter sie nicht sieht; und malt das Alte und Hässliche mit ebenso viel Begeisterung wie das Junge und Schöne – manchmal. Während bei manchen die weibliche Anziehungskraft überbetont wird, wird sie bei anderen durch eine viel breitere Arbeitslinie ausgeglichen.

Aber die größten Übel einer zu männlichen Kunst liegen in der Betonung des Selbstausdrucks. Der Künstler, der sich leidenschaftlich seiner Gefühle bewusst ist, ist bestrebt, andere Menschen auf diese Empfindungen aufmerksam zu machen. Dies wird heute von Kritikern so allgemein akzeptiert und von Malern so ernsthaft vertreten, dass die sogenannte „Kunstwelt" es als etabliert akzeptiert.

Wenn ein Mann das Meer malt, dann nicht, um Ihnen das Sehen und Fühlen zu vermitteln, wie es der Anblick desselben Ozeans tun würde, sondern um Ihnen zeigen und fühlen zu lassen, wie er persönlich davon berührt wurde; eine Angelegenheit sicherlich von äußerster Wichtigkeit. Der ultramännliche Künstler, äußerst sensibel, notwendig und voller natürlicher Ausdrucksdrang des Geschlechts, nutzt das Medium der Kunst so genial wie der Rebhuhnhahn seine Flügel beim Trommeln auf dem Baumstamm einsetzt; oder der Elchbulle stampft und brüllt; nicht nur als Partnerruf, sondern als eine Form des Ausdrucks seiner persönlichen Empfindungen.

Je höher der Künstler, desto menschlicher ist er, desto umfassender ist seine Vision, desto mehr sieht er für die Menschheit und drückt sie für die Menschheit aus, und je weniger persönlich, desto weniger ultra-männlich ist sein Ausdruck.

V. MÄNNLICHE LITERATUR.

Wenn uns ein Artikel, eine Seite oder eine Kolumne einer „Frau" angeboten wird, finden wir sie voller Inhalte, die Frauen als Geschlecht oder Klasse ansprechen sollen; Der Autor konzentrierte sich hauptsächlich auf die vier Ks des Kaisers – Kuchen, Kinder, Kirche , Kleider . Sie wiederholen und wiederholen endlos die Diskussion über altes und neues Kochen; der Betreuung von Kindern; des überwältigenden Themas Kleidung; und der moralischen Unterweisung. All dies wird als „weibliche" Literatur anerkannt und muss einen gewissen Reiz haben, sonst würden die Frauen es nicht lesen. Welche Parallele haben wir in der „männlichen" Literatur?

"Keiner!" ist die stolze Antwort. „Männer sind Menschen! Frauen als ‚das Geschlecht' haben ihre begrenzten weiblichen Interessen, ihren weiblichen Standpunkt, der berücksichtigt werden muss. Männer sind jedoch nicht eingeschränkt – ihnen gehört die Literatur der Welt!"

Ja, es gehört ihnen – seit es welche gibt. Sie haben es geschrieben und sie haben es gelesen. Erst in letzter Zeit wurde Frauen im Allgemeinen das Lesen beigebracht; noch mehr in letzter Zeit, dass sie schreiben durften. Es ist erst eine Weile her, dass Harriet Martineau ihre Schrift unter ihren Näharbeiten versteckte, wenn Besucher hereinkamen – Schreiben war „männlich" – Nähen „weiblich".

Wir haben zwar die Männer nicht auf eine eng gefasste „männliche Sphäre" beschränkt und eine dafür geeignete Spezialliteratur verfasst. Ihre Wirkung auf die Literatur war weitaus umfassender, da sie diese Kunstform mit besonderer Gunst monopolisierte. Es eignete sich vor allem für den vorherrschenden Impuls der Selbstdarstellung; und wie wir im Wesentlichen und kontinuierlich gesehen haben, „das Geschlecht" zu sein; Sie haben dieser Kunst diesen Sex in überwältigender Weise eingeprägt; Sie haben der Welt eine maskulisierte Literatur gegeben.

Es fällt uns schwer, dies zu realisieren. Wir können leicht erkennen, dass unsere Literatur sicherlich „feminisiert" worden wäre, wenn immer Frauen die Bücher geschrieben hätten und keine Männer sie geschrieben oder gelesen hätten; aber wir haben weder das Konzept noch das Wort für einen übermaskulisierten Einfluss im Kopf .

Männer wurden als Menschlichkeit akzeptiert, Frauen waren nur eine Nebensache; (im wahrsten Sinne des Wortes, wenn wir die hebräische Legende akzeptieren!), war alles, was Menschen taten oder sagten, menschlich – und nicht zu kritisieren. In keinem Lebensbereich ist es einfacher, diesem alten Glauben zu widersprechen ; um zu zeigen, wie sich das männliche Geschlecht als solches vom menschlichen Typus unterscheidet; und wie diese Männlichkeit eine große soziale Funktion monopolisiert und entstellt hat.

Das menschliche Leben ist eine sehr große Angelegenheit; und Literatur ist ihre Hauptkunst. Wir leben menschlich nur durch unsere Kommunikationskraft. Die Sprache gibt uns diese Kraft gleichsam seitlich, im unmittelbaren persönlichen Kontakt. Für den dauerhaften Gebrauch wird Sprache zur mündlichen Überlieferung – eine schlechte Abhängigkeit. Die Literatur verleiht der seitlichen Ausbreitung der Kommunion nicht nur eine unendliche Vervielfachung, sondern fügt auch die vertikale Reichweite hinzu. Dadurch kennen wir die Vergangenheit, beherrschen die Gegenwart und beeinflussen die Zukunft. In seinen nützlichen Alltagsformen ist es der unverzichtbare tägliche Diener unseres Lebens; In ihren edleren Höhenflügen als große Kunst geht kein Mittel des menschlichen Austauschs so weit.

In diesen kurzen Grenzen können wir einige Phasen eines so großen Themas nur leicht berühren; und wird dabei vor allem auf der Wirkung eines ausschließlich männlichen Umgangs mit den beiden Bereichen Geschichte und Fiktion beruhen. In der Poesie und im Drama ist derselbe Einfluss leicht zu erkennen, aber in den ersten beiden ist er so offensichtlich, dass er sich jedem Einwand widersetzt.

Geschichte ist oder sollte die Geschichte unseres Rassenlebens sein. Was haben die Menschen daraus gemacht? Die Geschichte von Krieg und Eroberung. Beginnen wir ganz am Anfang mit den geschnitzten Steinen Ägyptens, den Tonaufzeichnungen Chaldäas. Was finden wir über die Geschichte?

„Ich, Pharao, König der Könige! Herr der Herren! (usw. etc.), ging hinab in das elende Land Kusch und tötete von seinen Bewohnern einhundertzweiundvierzigtausend ! " Das oder so ähnlich ist die Art von Rekord, den uns die Frühgeschichte beschert.

Die Geschichte der erobernden Könige, wen und wie viele sie töteten und versklavten; die kriecherische Bewunderung der Erniedrigten; der grenzenlose Jubel des Siegers; vom primitiven Zustand der meisten antiken Könige und den römischen Triumphen, bei denen Königinnen in Ketten gingen, bis hin zu unseren allgegenwärtigen Soldatendenkmälern: die Geschichte von Krieg und Eroberung – Krieg und Eroberung – immer und immer wieder; mit solch einer Prahlerei und einem solchen Triumph, einem solchen Hahnenschrei und Flügelschlag, dass sie ganz unverkennbar die natürliche Quelle zeigen.

All dies wird dem Leser zunächst voreingenommen und unfair vorkommen. „So lebten die Menschen damals!" sagt der Leser.

Nein – so lebten Frauen nicht.

„Oh, Frauen!" sagt der Leser: „Natürlich nicht! Frauen sind anders."

Ja, Frauen sind anders; Und *Männer sind anders!* Beide unterscheiden sich als Geschlechter von der menschlichen Norm, die das gesellschaftliche Leben und jede gesellschaftliche Entwicklung darstellt. In all den Jahren der schwarzen Blinden wuchs die Gesellschaft langsam. Die Künste, die Wissenschaften, das Handwerk und die Berufe, Religion, Philosophie, Regierung, Recht, Handel, Landwirtschaft – alle menschlichen Prozesse liefen zwischen den Kriegen so gut ab, wie sie konnten.

Der Mann kämpft von Natur aus und kräht von Natur aus, triumphiert über seinen Rivalen und holt sich den Preis – deshalb wurde er zum Mann gemacht. Männlichkeit bedeutet Krieg.

Nicht nur das; aber da er männlich ist, kümmert er sich nur um männliche Interessen. Männer, die allein darüber entscheiden, was getan, gesagt und geschrieben werden sollte, haben uns nicht nur ein soziales Wachstum beschert, das von Anfang an durch ständige Zerstörung gezeichnet und vereitelt wurde; sondern eine Geschichte, die ein ununterbrochenes Zeugnis von Mut und roter Grausamkeit, von Triumph und schwarzer Schande ist.

Was sich abspielte, war von wirklicher Tragweite, die großen langsamen Schritte der Arbeitswelt, die Entdeckungen und Erfindungen, der wirkliche Fortschritt der Menschheit – das war es aus männlicher Sicht nicht wert, aufgezeichnet zu werden. In diesem letzten Jahrhundert, dem „Jahrhundert der Frau", dem Jahrhundert des großen Erwachens, der steigenden Forderung nach politischer, wirtschaftlicher und häuslicher Freiheit, beginnen wir, echte Geschichte zu schreiben, menschliche Geschichte und nicht nur männliche Geschichte. Aber dieser große Zweig der Literatur – hebräische, griechische, römische und alle späteren Zeiten – zeigt zweifellos den Einfluss unserer androzentrischen Kultur.

Literatur ist die mächtigste und notwendigste aller Künste, und Fiktion ist ihre umfassendste Form. Wenn die Kunst „der Natur den Spiegel vorhält", ist der Spiegel dieser Kunst der größte von allen und der am häufigsten genutzte. Da unser Leben von einer Art Kommunikation abhängt; und unser Fortschritt steht im Verhältnis zu unserer Fülle und Freiheit der Kommunikation; da echte Kommunikation gegenseitiges Verständnis erfordert; So bemerken wir im Wachstum des sozialen Bewusstseins von Anfang an ein leidenschaftliches Interesse am Leben anderer Menschen.

Die Kunst, die der Menschheit Bewusstsein verleiht, ist die lebenswichtigste Kunst. Unsere größten Dramatiker werden für ihr umfassendes Wissen über die „menschliche Natur", ihre Bandbreite an Emotionen und Verständnis gelobt; Unsere größten Dichter sind diejenigen, die die Gefühle des menschlichen Herzens am tiefsten und umfassendsten erfahren und offenbaren. und die Kraft der Fiktion besteht darin, dass sie dieses große Feld des menschlichen Lebens ohne Grenzen erreichen und ausdrücken kann außer denen des Autors.

Als die Fiktion begann, war sie das legitime Kind der mündlichen Überlieferung; ein Produkt natürlicher Gehirnaktivität; Die Legende wurde konstruiert statt erinnert. (Dieses Stadium ist noch bei uns, wie man an den ständigen Veränderungen in der Wiederholung beliebter Witze und Geschichten erkennen kann.)

Belletristik hat heute ein viel größeres Spektrum; Dennoch ist es immer noch eingeschränkt, stark und auf schelmischste Weise eingeschränkt.

Was ist das bevorzugte Thema der Belletristik?

Es gibt zwei Hauptzweige, die überall zu finden sind, vom Romaunt of the Rose bis zum Purplish Magazine: die Abenteuergeschichte und die Liebesgeschichte.

Der Story-of-Adventure-Zweig ist keineswegs so dick wie der andere, aber dennoch ist er ein robuster Zweig. Stevenson und Kipling haben ihre immense Popularität bewiesen, mit der ganzen Brut von Detektivgeschichten und den Geschichten erfolgreicher Schurken, die wir „Picaresque" nennen. Unsere beliebteste Wochenzeitung zeigt die große Anziehungskraft dieser Art von Belletristik.

All diese Geschichten über Abenteuer, Kampf und Schwierigkeiten; vom Jagen, Fischen und Kämpfen; des Raubens und Mordens, des Fangens und Bestrafens sind eindeutig und im Wesentlichen männlich. Sie berühren nicht menschliche Prozesse, soziale Prozesse, sondern das spezielle Gebiet der räuberischen Erregung, das so lange ausschließlich den Menschen vorbehalten war.

An dieser Stelle ist anzumerken, dass selbst bei der überwältigenden Zunahme industrieller Interessen heutzutage diese, wenn sie als Grundlage für eine Geschichte verwendet werden, mit einem oder beiden dieser beiden Hauptzweige der Fiktion in Einklang gebracht werden: dem Konflikt oder Liebe. Sofern die Geschichte nicht eines dieser „Interessen" enthält, gibt es keine Geschichte – so meint der Herausgeber; Das Sprichwort lautet schlicht: „Das Leben hat keine Interessen außer Konflikt und Liebe!"

Es ist sicherlich mehr als ein Zufall, dass dies die beiden wesentlichen Merkmale der Männlichkeit sind – Verlangen und Kampf – Liebe und Krieg.

Tatsächlich stimmen die Hauptinteressen des Lebens mit seinen Hauptprozessen überein ; und diese sind – in unserem Stadium der menschlichen Entwicklung – vielfältiger, als unsere Fiktion uns glauben machen möchte. Wir sollten uns daran erinnern, dass die halbe Welt aus Frauen besteht, die ebenso menschliche Lebensformen sind wie Männer, und deren Hauptprozesse nicht Konflikte und Abenteuer sind, ihre Liebe bedeutet mehr als nur Paarung. Selbst auf einer so dürftigen Unterscheidungslinie, wie sie die „Frauenkolumne" bietet, sollte es auch eine „Männerkolumne" geben, wenn Frauen auf ihre vier Ks beschränkt bleiben sollen; und alle „Sportnachrichten" und Fischgeschichten werden darin untergebracht; es handelt sich nicht um Weltinteressen; es sind männliche Interessen.

Nun zum Hauptzweig – der Liebesgeschichte. Neunzig Prozent. der Fiktion ist In dieser Zeile; Dies ist vor allem das Hauptinteresse des Lebens – gegeben in der Fiktion. Was ist die Liebesgeschichte, wie sie von dieser Kunst dargestellt wird?

Es ist die Geschichte des vorehelichen Kampfes. Es sind seine Abenteuer auf der Suche nach ihr – und es endet, wenn er sie bekommt! Geschichte für Geschichte, Zeitalter für Zeitalter, immer und immer wieder, diese unaufhörliche Wiederholung der Vorrunden.

Hier ist menschliches Leben. Im weiteren Sinne, im eigentlichen Sinn, handelt es sich um eine Frage der Wechselbeziehung zwischen Individuen und Gruppen, die alle Emotionen, alle Prozesse, alle Erfahrungen umfasst. Aus diesem riesigen Feld des menschlichen Lebens wählt die Fiktion willkürlich eine Emotion, einen Prozess, eine Erfahrung als notwendige Grundlage aus.

„Ah! Aber vor allem sind wir Menschen!" protestiert der Leser. „Das ist eine persönliche Erfahrung – sie hat eine universelle Anziehungskraft!"

Dann nehmen Sie das menschliche Leben persönlich. Hier ist ein Mensch, ein Leben, das etwa siebzig Jahre umfasst; mit dem sich verändernden Wachstum vieler Fakultäten; die immer neuen Wunder der Jugend, die lange Arbeitszeit des mittleren Lebens, das langsame Reifen des Alters. Hier lebt die menschliche Seele im menschlichen Körper. Aus diesem Bereich des persönlichen Lebens mit all seinen Emotionen, Prozessen und Erfahrungen wählt die Fiktion willkürlich eine Emotion, einen Prozess, eine Erfahrung, hauptsächlich eines Geschlechts, aus.

Die „Liebe" unserer Geschichten ist die Liebe des Mannes zur Frau. Wenn jemand es wagt, dies zu bestreiten und zu sagen, dass es die Liebe der Frau zum Mann gleichermaßen betrifft, antworte ich: „Warum hören die Geschichten dann bei der Ehe auf?"

Es gibt einen aktuellen Scherz, der viel verrät:

Die junge Frau beklagt sich darüber, dass der Ehemann nicht wie vor der Heirat auf sie wartet und sie umwirbt; worauf er antwortet: „Warum sollte ich der Straßenbahn nachlaufen, wenn ich sie erwischt habe?"

Die Liebe der Frau zum Mann, wie sie derzeit in der Fiktion behandelt wird, ist größtenteils ein Reflex; Es ist die Art und Weise, wie er möchte, dass sie sich fühlt, und dass er von ihr erwartet, dass sie sich fühlt; keine angemessene Darstellung dessen, wie sie sich fühlt. Wenn „Liebe" als das wichtigste Thema im Leben ausgewählt werden soll, über das man schreiben möchte, dann sollte die Liebe der Mutter das Hauptthema sein: Das ist der Hauptstrom. Dies ist die allgemeine zugrunde liegende, welterhebende Kraft. Die „Lebenskraft", von der jetzt so leichtfertig geplaudert wird, findet ihren vollsten Ausdruck in der Mutterschaft; nicht in den Emotionen eines Assistenten im Vorfeld.

Was hat die Literatur, was hat die Fiktion in Bezug auf Mutterliebe oder sogar in Bezug auf Vaterliebe zu bieten im Vergleich zu dieser riesigen Menge an Aufregung über Liebesliebe? Warum ist der Suchscheinwerfer ständig auf einen Lebensabschnitt von zwei oder drei Jahren „mitten in den leeren Meilen ringsum" gerichtet ? Warum in der Tat, außer aus dem klaren Grund, dass dies auf einer stark männlichen Basis seine einzige Zeit überwältigenden Interesses und Aufregung ist.

Wenn der Bienenstock Literatur produzieren würde, wäre die Fiktion der Biene reich und umfassend; voll von den komplexen Aufgaben des Wabenbaus und -füllens; die Pflege und Ernährung der Jungen, der Schutzdienst der Königin; und weit darüber hinaus würde es sich auf die blaue Pracht des Sommerhimmels, die frischen Winde, die endlose Schönheit und Süße von tausendtausend Blumen ausbreiten . Es würde von der enormen Fruchtbarkeit der Mutterschaft, den erzieherischen und selektiven Prozessen der Gruppenmütter handeln; und die Leidenschaft der Loyalität, des sozialen Dienstes, die den Bienenstock zusammenhält.

Aber wenn die Drohnen Romane schreiben würden, gäbe es keinen anderen Gegenstand als den, den viele feiern würden; und der Hochzeitsflug von einem.

Für den Mann als solchen ist dieser Paarungsinstinkt offen gesagt das Hauptinteresse des Lebens; selbst die kriegerischen Instinkte sind ihr unterlegen. Für das Weibchen als solches ist es trotz seiner Intensität nur ein vorübergehendes Interesse. In der Ökonomie der Natur ist seine Hingabe nur eine vorübergehende Hingabe, ihre die langsamen Prozesse der Lebenserfüllung.

In der Menschheit sind wir dieser Gefühlsstufe längst nicht entwachsen, sondern überwachsen. In der menschlichen Abstammung beginnt sogar der

Anteil der Mutter zu verblassen neben der ständig wachsenden sozialen Liebe und Fürsorge, die die Kinder von heute beschützt und leitet.

Die Kunst der Literatur in dieser Hauptform der Belletristik ist viel zu groß, als dass sie vollständig von einer dominanten Note beherrscht werden könnte. Während sich das Leben erweiterte und intensivierte, hat der Künstler, wenn er groß genug ist, den Sex überwunden; und in den mächtigeren Werken der wahren Meister finden wir Fiktion, die das Leben, das Leben im Allgemeinen, in all seinen komplexen Beziehungen behandelt und sich weigert, länger an die starren Regeln einer androzentrischen Vergangenheit gebunden zu sein.

Das war die Macht von Balzac – er beherrschte mehr als dieses eine Feld. Das war der allgemeine Reiz von Dickens; Er schrieb über Menschen, alle möglichen Menschen, die alle möglichen Dinge taten. Wenn Sie sich gerne an einen Lieblingsroman dieses allgemeinen Favoriten erinnern, suchen Sie genau nach der darin enthaltenen „Liebesgeschichte". Es ist da – denn es ist Teil des Lebens; aber es dominiert nicht die ganze Szene – genauso wenig wie im Leben.

Der Gedanke an die Welt wird im Wesentlichen gemacht und an uns weitergegeben. Der Autor eines Buches ist der Schöpfer von Gedanken und Gefühlen für die Menschen im Allgemeinen. Fiktion ist die beliebteste Form, in der dieses Weltessen konsumiert wird. Wenn es wahr wäre, würde es uns das Leben leicht, schnell und wahrhaftig lehren; lehren Sie nicht, indem Sie predigen, sondern indem Sie es wirklich wiedergeben; und wir sollten mit dem Erwachsenwerden in Büchern ein viel größeres Spektrum des Lebens kennenlernen, als es uns persönlich möglich wäre. Wenn wir dann dem Leben in der Realität begegnen , sollten wir weise sein – und nicht enttäuscht werden.

So wie es ist, ist unser großes Meer an Fiktionen in jeder Hinsicht durchtränkt, gefärbt und gewürzt. Ein junger Mann stellt sich dem Leben – der siebzigjährigen Phase, denken Sie daran – und erhält ein Buch nach dem anderen, in dem eine Reihe von Gefühlen ständig ausgesprochen und überschätzt wird. Er liest für immer von Liebe, guter Liebe und schlechter Liebe, natürlicher und unnatürlicher, legitimer und illegitimer Liebe; mit der unvermeidlichen Schlussfolgerung, dass sonst nichts los ist.

Wenn er ein gesunder junger Mann ist, löst er sich von der ganzen Sache, verachtet „Liebesgeschichten" und nimmt das Leben an, wie er es vorfindet. Aber der Eindruck, den die Fiktion bei ihm vermittelt, ist falsch, und er leidet, ohne es zu wissen, unter dem Mangel an den wahreren, umfassenderen Ansichten über das Leben, die sie ihm nicht vermittelt haben.

Eine junge Frau stellt sich dem Leben – erinnern Sie sich an die Zeitspanne von siebzig Jahren ; und erhält die gleichen Bücher – mit Einschränkungen. Erinnern Sie sich an die Bemerkung von Rochefoucauld: „Es gibt dreißig gute Geschichten auf der Welt und neunundzwanzig kann man Frauen nicht erzählen." Es gibt ein bestimmtes weites Feld der Literatur, das so stark androzentrisch ist, dass Menschen aus großer Schande versucht haben, es für sich zu behalten. Aber in einer milderen Form, bei der die Spaten alle Teelöffel heißen oder im schlimmsten Fall als Kellen erscheinen, wird der jungen Frau die gleiche Fiktion vermittelt. Liebe und Liebe und Liebe – vom „ersten Blick" bis zur Ehe. Da hört es auf – nur noch das flatternde Band der Ankündigung: „Und lebe glücklich bis ans Ende."

Ist diese Art von Fiktion ein Bild vom Leben einer Frau? Die Belletristik hat in unserer androzentrischen Kultur kein wirkliches Bild vom Leben der Frau, nur sehr wenig vom menschlichen Leben und nur einen unverhältnismäßig großen Teil des Lebens des Mannes vermittelt.

Während wir beide von Tag zu Tag menschlicher werden, verändert sich diese edle Kunst so schnell zum Besseren, dass ein kurzes Leben das Wachstum markieren kann. Neue Felder eröffnen sich und neue Arbeitskräfte arbeiten auf ihnen. Aber es ist keine schnelle und einfache Sache, den Rassengeist von Einstellungen und Gewohnheiten abzubringen, die ihm über tausend Jahre hinweg eingeprägt wurden. Womit wir uns so lange ernährt haben, sind wir gut gewöhnt, was wir gewohnt sind, gefällt uns, was uns gefällt, halten wir für gut und richtig.

Die wachsende Nachfrage nach umfassenderer, wahrerer Fiktion wird vom langsamen Rassendenken bestritten und von den Literaturvermarktern aus offensichtlichem Eigeninteresse sowie lethargischem Konservatismus abgelehnt.

Für Männer, die bisher die einzigen Produzenten und Konsumenten von Literatur waren, ist es schwierig; und für Frauen, die neu auf dem Gebiet sind und männliche Regeln befolgen, weil alle Regeln männlich waren; ihren Geist darauf auszudehnen, die Veränderung zu erkennen, die bereits jetzt vor uns liegt.

Dieses eine enge Feld ist seit so langer Zeit überbeansprucht, unser Geist ist so voller Helden und Helden, die den Einakter ständig wiederholen, dass der Verlag, wenn ein Buch wie David Harum angeboten wird, es wiederholt ablehnt und schließlich auf einem „Herz" besteht „Zinsen" werden gewaltsam injiziert.

Hat irgendjemand David Harum aus diesem Herzensinteresse heraus gelesen? Erinnert sich jemand an dieses Herzensinteresse? Hat die Menschheit keine anderen Interessen als die des Herzens?

Robert Ellesmere war ein beliebtes Buch – aber nicht, weil es ihm am Herzen lag.

„Onkel Toms Hütte" fand auf der ganzen Welt Anklang, mehr als jedes andere Romanwerk, das jemals geschrieben wurde; Aber wenn sich jemand darin verliebte und heiratete, wurde er vergessen. In diesem Buch steckt viel Liebe, Liebe zur Familie, Liebe zu Freunden, Liebe vom Herrn zum Diener und vom Diener zum Herrn; Liebe der Mutter zum Kind; Liebe verheirateter Menschen zueinander; Liebe zur Menschheit und Liebe zu Gott.

Es erfreute sich großer Beliebtheit. Manche sagen, es sei keine Literatur gewesen. Diese Meinung wird weiterleben, wie der Name Empedokles.

Die Kunst der Fiktion erlebt heutzutage eine Wiedergeburt. Das Leben ist länger, weiter, tiefer und reicher, als diese eintönigen Spieler eines Junis uns glauben machen wollen.

Die Vermenschlichung der Frau an sich eröffnet fünf deutlich neue Bereiche der Fiktion: Erstens die Position der jungen Frau, die aufgefordert wird, ihre „Karriere" – ihr Menschsein – für die Ehe aufzugeben, und die dagegen Einspruch erhebt; Zweitens die Frau mittleren Alters, die endlich entdeckt, dass ihre Unzufriedenheit auf sozialen Hunger zurückzuführen ist – dass sie sich nicht mehr Liebe, sondern mehr Geschäfte im Leben wünscht. Drittens die Beziehung zwischen Frauen und Frauen – eine Sache, über die wir vorher nie schreiben konnten weil wir es noch nie zuvor hatten: außer in Harems und Klöstern: Viertens die Interaktion zwischen Müttern und Kindern; Dies ist nicht das ewige „Mutter und Kind", bei dem das Kind immer ein Baby ist, sondern das lange Drama einer persönlichen Beziehung; die Liebe und Hoffnung, die Geduld und Kraft, die anhaltende Freude und der Triumph, die langsame Enttäuschung, die niemals einer lebenden Seele zugeschrieben werden darf – hier sind Gründe für Romane, die eine Million Mütter und viele Millionen Kinder eifrig lesen würden: Fünfter, das Neue Haltung der erwachsenen Frau, die sich den Anforderungen der Liebe mit den hohen Ansprüchen bewusster Mutterschaft stellt.

Es gibt andere Bereiche, die breit gefächert und brillant vielversprechend sind, aber dieses Kapitel soll lediglich zeigen, dass unsere einseitige Kultur in dieser Kunst die vorherrschenden Instinkte des Mannes – Liebe und Krieg – , ein Verstoß gegen Kunst und Wahrheit, überproportional überschätzt hat und eine Verletzung des Lebens.

VI. SPIELE UND SPORT

Eine der schärfsten Unterscheidungen sowohl zwischen den wesentlichen Charakteren als auch den künstlichen Positionen von Männern und Frauen besteht im Bereich von Spielen und Sport. Der weitaus größere Teil von ihnen ist im Wesentlichen männlich und als solcher den Frauen fremd; während Frauen von dem, was menschlich interessant ist, durch ihre willkürlichen Beschränkungen weitgehend ausgeschlossen sind.

Der Spieltrieb ist bei Mädchen und Jungen gleichermaßen verbreitet; und bleibt bis zu einem gewissen Grad ein Leben lang bestehen. So wie andere junge Tiere ihre überbordende Energie in launischen Aktivitäten zum Ausdruck bringen, die denen im Alltag ähneln, so tummeln sich kleine Kinder körperlich wie Lämmer und Zicklein; Und so wie die Jungen höherer Tierarten in ihrem Spiel die komplexeren Aktivitäten ihrer Älteren nachahmen, ahmen auch Kinder alle Aktivitäten nach, die sie um sich herum sehen. In diesem Spielbereich gibt es keinen Sex.

Ebenso bringen gesunde und glückliche Menschen, Männer und Frauen, im Erwachsenenalter auf natürliche Weise überschüssige Energie in verschiedenen Sportarten zum Ausdruck. Wir haben hier eine der charakteristischsten menschlichen Manifestationen. Die große Anhäufung sozialer Energie und die notwendigen Einschränkungen einer Art von Arbeit führen dazu, dass ein Mensch einer bestimmten Handlungsform überdrüssig ist und sich dennoch unwohl fühlt, weil es ihm an vollem Ausdruck mangelt. und dieses soziale Bedürfnis wurde durch unser großes Sicherheitsventil für Spiele und Sport gedeckt.

In einer Gesellschaft beiderlei Geschlechts oder in einer Gesellschaft ohne Geschlecht gäbe es immer noch Vergnügen und Nutzen bei Spielen; Sie sind für das menschliche Leben von entscheidender Bedeutung. In einer Gesellschaft mit zwei Geschlechtern, in der das eine alle Lebensbedingungen diktiert und das andere auf einen äußerst begrenzten Teil des menschlichen Lebens beschränkt ist, könnten wir meinen, dass dieses große Feld des Vergnügens unverhältnismäßig geteilt ist.

Es ist nicht nur so, dass wir den Spieltrieb bei Frauen reduziert haben, indem wir sie auf eine Reihe von Beschäftigungen beschränkten und ihre Kräfte durch die Kombination von Mutterarbeit und Hausarbeit überforderten; und nicht nur, dass wir durch unsere androzentrischen Konventionen ihre Vergnügungen weiter einschränken; aber wir beginnen im Säuglingsalter und differenzieren ihre Spielmethoden gewaltsam, lange bevor irgendein natürlicher Unterschied zum Vorschein kommt.

Nehmen Sie als Beispiel die universelle Freude, die Puppe oder Marionette. Eine kleine Nachahmung eines großen bekannten Objekts erfreut das Herz eines Kindes beiderlei Geschlechts. Die Kammgarnkatze, das Holzpferd, der kleine Wagen, der Zinnsoldat, die Wachspuppe, das Spielzeugdorf, die „Arche Noah", der allgegenwärtige „Teddybär", jedes kleine Modell eines echten Dings ist eine Freude der junge Mensch. Von allen Dingen ist die Puppe das Intimste, das kleine Abbild eines anderen Menschen, mit dem man spielen kann. Die Fantasie des Kindes, endlose Kombinationen mit diesen sichtbaren Typen zu machen, spielt so frei wie ein Kätzchen im Laub; oder führt ernsthaft einige beobachtete Lebensformen aus, indem das Kätzchen die Jagd seiner Mutter nachahmt.

Bisher ist alles natürlich und menschlich.

Sehen Sie sich nun unsere Einstellung zum Kinderspiel an – in einer maskulinen Kultur. Da wir Frauen nur als Geschlecht betrachten und dieses Geschlecht von Kindesbeinen an manifestiert, fertigen und kaufen wir für unsere kleinen Mädchen Spielzeuge, die dieser Sichtweise entsprechen. Da wir Frauen sind – also Mütter –, müssen wir sie unbedingt mit Babys versorgen, bevor sie aufhören, selbst Babys zu sein; und wir erwarten, dass ihr Spiel in der Nachahmung mütterlicher Sorgen besteht. Die Puppe, die Marionette, die alle Kinder interessiert, haben wir als ewiges Baby dargestellt; und wir zwingen sie unseren Mädchen unaufhörlich zu Millionen auf.

Die Puppe als solche liegt dem kleinen Jungen ebenso am Herzen wie dem Mädchen, jedoch nicht als Baby. Er mag seinen Hampelmann, seinen Kammgarn-Sambo, oft eine echte Stoffpuppe; aber er wird dadurch entmutigt und verspottet. Wir erwarten nicht, dass der kleine Junge die Liebe und Fürsorge eines Vaters für ein Nachahmungskind zeigt – aber wir erwarten, dass das kleine Mädchen mütterliche Gefühle für sein Nachahmungskind zeigt. Dass das ungeheuerlich ist, ist uns noch nicht in den Sinn gekommen.

Von kleinen Kindern sollte nicht erwartet werden, dass sie in schmerzhafter Frühreife Gefühle zeigen, die man erst erleben sollte, wenn sie das richtige Alter erreicht haben. Unsere Kätzchen spielen Katzensport, der kleine Tom und Tabby zusammen; Aber die kleine Tabby spielt nicht, sie ist Mutter!

Über die ständigen Puppen und deren ständiges Ankleiden hinaus stellen wir unseren kleinen Mädchen Teeservices und Küchensets, Puppenhäuser und kleine Arbeitskästen zur Verfügung – die nachgeahmten Werkzeuge ihrer kleinen Berufe. Für den Jungen gibt es eine größere Auswahl. Wir stellen für sie nicht nur die im Wesentlichen männlichen Spielzeuge des Kampfes her, sondern auch die gesamte Technik des mimischen Krieges; aber auch die Modelle menschlicher Dinge, wie Boote, Eisenbahnen,

Waggons. Auch für sie sind die umfassenden Spielzeuge der Jahrhunderte der Drachen, der Kreisel, der Ball. Als der Junge alt genug wird, um die Spiele zu spielen, die Geschick erfordern, trägt er sich in die Weltlisten ein, und die kleine Schwester, die mit ihren ewigen Puppen drinnen bleibt, erfährt, dass sie „nur ein Mädchen" ist und „nicht spielen darf". mit Jungs – Jungs sind so rau!" Sie hat ihre Puppe und ihr Teeservice. Sie „spielt Haus". Wenn sie sehr aktiv ist, springt sie vielleicht einzeln oder zu zweit oder zu viert am Seil. Ihr Bruder spielt Spiele. Von diesem Zeitpunkt an spielt er die Spiele der Welt. Die „Sportseite" sollte „die Seite des Mannes" heißen, so wie diese Sammlung von Rezepten, Moden und günstigen Ratschlägen „die Seite der Frau" genannt wird.

Einer der unmittelbaren pädagogischen Vorteile der Position des Jungen besteht darin, dass er „Teamarbeit" lernt. Dies ist kein männliches Merkmal, es ist ein menschliches; eine gesellschaftliche Macht. Auch Frauen sind von Natur aus dazu in der Lage; aber nicht durch Bildung. Sich um sein Nachahmungsbaby zu kümmern, ist keine Teamarbeit; noch spielt man Haus. Das kleine Mädchen wird für immer in den Grenzen des „Handlungsraums" ihrer Mutter gehalten; Während der Junge das Leben lernt und glaubt, dass sein neues Wachstum auf sein überlegenes Geschlecht zurückzuführen ist.

Nun gibt es bestimmte wesentliche Unterschiede bei den Geschlechtern, die sich bis zu einem gewissen Grad sogar bei normal erzogenen Kindern manifestieren würden; So wäre zum Beispiel das kleine Männchen eher zum Kämpfen und Zerstören geneigt; Das kleine Weibchen geht mehr auf die Pflege und den Aufbau von Dingen ein.

„Jungs sind so destruktiv!" sagen wir mit bescheidenem Stolz – als wäre es in gewisser Weise eine Ehre für sie. Aber die frühe Jugend ist nicht die Zeit, Geschlechterunterschiede zur Schau zu stellen; und sie sollten eher entmutigt als genehmigt werden.

Die Spiele der Welt, heute die Spiele der Menschen, lassen sich leicht in zwei große Klassen einteilen: Geschicklichkeitsspiele und Glücksspiele.

Das Interesse und die Freude daran sind rein menschlich und werden als solche auch heute noch von den beiden Geschlechtern geteilt. Frauen sind in den unschuldigen Anfängen oder in den bösartigen Extremen dieser Vergnügungsart ebenso wilde Spieler wie Männer. Bei den Rennen, am Rouletterad, am Bridge-Tisch ist das deutlich zu sehen.

Bei Geschicklichkeitsspielen sehen wir anders aus . Die meisten davon werden von und für Männer entwickelt; aber wenn sie erlaubt sind, nehmen Frauen mit Interesse und Erfolg daran teil. Sie spielen Kartenspiele, Schach, Dame und dergleichen, Krocket und Tennis und spielen gut, wenn sie gut trainiert sind. Dass sie in so vielen Spielen zu kurz kommen und in anderen völlig ausgeschlossen sind, liegt nicht an mangelnder menschlicher Leistungsfähigkeit, sondern an mangelnder Männlichkeit. Die meisten Spiele sind männlich. In ihrem Element des Verlangens zu gewinnen, den Preis zu bekommen, sind sie männlich; und in ihrer universellen Wettbewerbshaltung sind sie männlich, der Grundgeist des Verlangens und des Kampfes wirkt sich in subtilen modernen Formen aus.

Auch die universelle Dominanz des Projektils in ihren Spielen hat etwas von Natur aus Männliches. Der Ball ist das einzige unumgängliche Instrument des Sports. Von der zerbrochenen Murmel der Kindheit bis zum fliegenden Geschoss der Fledermaus bleibt diese Form bestehen. Etwas mit Gewalt aussenden; es werfen, schlagen, treten, schießen; Dieser Impuls scheint auf eine der Zwillingskräfte des Universums zurückzuführen zu sein – die zentrifugalen und zentripetalen Energien, zwischen denen die Planeten schwingen.

Der grundlegende weibliche Impuls besteht darin, sich zu sammeln, zusammenzusetzen, zu konstruieren; der grundlegende männliche Impuls zu zerstreuen, zu verbreiten, zu zerstören. Es scheint einem Mann Vergnügen zu bereiten, etwas zu schlagen und es von sich zu vertreiben; Je härter er zuschlägt und je weiter es geht, desto zufriedener ist er.

Spiele dieser Art werden Frauen niemals gefallen. Sie liegen nicht falsch; nicht unbedingt böse an ihrer Stelle; Unser Fehler besteht darin, sie als Menschen zu betrachten, während sie nur männlich sind.

Spielen im kindlichen Sinne ist Ausdruck früherer Gewohnheiten; und in diesem Licht untersucht zu werden. Spielen im pädagogischen Sinne sollte gefördert oder entmutigt werden, um die gewünschten Eigenschaften zu entwickeln. Das wissen und praktizieren wir; nur wir tun es nach androzentrischen Regeln; Wir beschränken das Mädchen auf den engen Bereich, den wir für Frauen als angemessen erachten, und unterstützen den Jungen dabei, sein Leben mit dem Ausdruck von Männlichkeit zu füllen, während wir beiden zu einer menschlicheren Entwicklung verhelfen sollten.

Unsere feste Überzeugung, dass Männer Menschen sind – die Menschen, und dass männliche Qualitäten die wichtigsten Wünsche im Leben sind, ist es, die diese falsche Einschätzung des Wertes unserer gegenwärtigen Spiele aufrechterhält. Befürworter des Fußballs behaupten beispielsweise stolz, dass er einem Mann ein Leben lang passt. Das Leben ist – aus rein männlicher Sicht – ein Kampf mit einem Preis. Etwas Unermessliches zu wollen und dafür zu kämpfen – das ist die einfache Aussage. Diese Lebensauffassung findet ihren naivsten Ausdruck im Raubkrieg; und neigt immer noch dazu, die späteren und menschlicheren Prozesse der Industrie räuberisch zu bekämpfen. Weil sie das Leben auf diese Weise sehen , glauben sie, dass

Geschick und Übung in der Kampfkunst, insbesondere im kollektiven Kampf, in unserem modernen Leben so wertvoll sind. Das ist ein Archaismus, der lächerlich wäre, wenn er in seinen Auswirkungen nicht so gefährlich wäre.

Die wertvollen Prozesse von heute sind die der Erfindung, der Entdeckung, aller Industriezweige und, was ganz besonders notwendig ist, die Fähigkeit zu ehrlichem Service und der Verwaltung unserer immensen Vorteile. Diese lernt man nicht auf dem Fußballplatz. Dieser Geist des Verlangens und des Kampfes ist in allen Teilen dieses großartigen Themas deutlich zu erkennen. Es hat sich zu einem Sportskult entwickelt; Es wird von den Menschen so allgemein als überragend anerkannt, dass es sie gegenüber anderen Urteilsmaßstäben völlig blind macht.

In der Cook-Peary-Kontroverse von 1909 wurde dieser Kanon manifestiert. Hier hatte ein Mann ein Leben lang versucht, etwas zu erreichen; und in der elften Stunde gelang es ihm. Als er dann mit dem reichen Triumph herauskommt, den er lange aufgeschoben hatte, trifft er auf einen anderen Mann, dessen Charakter ihm wohlbekannt ist und der unverschämt und fälschlicherweise behauptet, er habe es zuerst getan. Mr. Peary äußerte sich recht zurückhaltend und richtig über die Unverschämtheit und Falschheit dieser Behauptung – und das ganze Land erhob sich und brandmarkte ihn als „unsportlich"!

Der Sport und die Grundsätze des Sports sind im männlichen Bewusstsein so dominant, dass das, was sie als Abweichung von diesen Standards ansahen, weitaus wichtiger war als die Frage der Tatsachen; ganz zu schweigen von der moralischen Ungerechtigkeit von jemandem, der die ganze Welt für Geld anlügt; und das auf Kosten des hart erkämpften Triumphs eines anderen.

Wenn Frauen das Verhalten der einen oder anderen als „keine gute Hausfrau" verurteilt hätten , wäre dies als äußerst kindische Bemerkung aufgefasst worden. Aber „unsportlich" zu sein, ist eine unverzeihliche Sünde.

Aufgrund unserer verzerrten Maßstäbe verkennen wir die Einstellung der beiden Geschlechter zu ihren Vergnügungen völlig falsch. In den letzten Jahren haben sich mehr Frauen als je zuvor für das Kartenspielen interessiert; und manche spielen leider um Geld. Darauf folgt ein stetiger Strom von Kommentaren und Schuldzuweisungen. Der Umfang des Kartenspiels unter Männern – und die Höhe des verlorenen und gewonnenen Geldes – lässt keinen entsprechenden Kommentar zu.

Betrachten Sie, abgesehen von diesem einen Bereich der Verschwendung, den Anteil an Leben, Zeit, Kraft und Geld, den die Menschen für ihre vielfältigen Freizeitbeschäftigungen aufwenden. Die primitive Befriedigung des Jagens und Fischens erhalten sie mit enormen Kosten aufrecht. Dies ist die Befriedigung eines äußerst rudimentären Impulses; vorsozial und weitgehend vormenschlich, von keinem Nutzen, außer der körperlichen Gesundheit, und von äußerst abschreckendem Einfluss auf die wirkliche menschliche Entwicklung. Wo Jagd und Fischerei von echtem Nutzen für die Menschen sind und als Lebensunterhalt betrieben werden, wird sie wie jede andere Industrie herabgewürdigt; es ist kein „Sport" mehr.

Der Mensch tötet, um zu essen oder um den Ertrag zu verkaufen und zu essen; er tötet für die Haut oder die Stoßzähne der Kreatur oder für irgendeinen anderen Zweck; oder um seine Ernte vor Ungeziefer und seine Herden vor Plünderung zu schützen; aber der Sportler tötet zur Befriedigung eines Urinstinkts und nach den Regeln eines willkürlichen Kults. „Wild"-Kreaturen sind seine Beute; Vogel, Tier oder Fisch, der schwer zu fangen ist und dessen Tötung etwas Geschick erfordert; das wird ihm nicht nur Fleisch und Knochen geben, sondern „die Freude an der Jagd".

Die Freude an der Jagd ist sehr real. Es wird im weitesten Sinne im Kinderspiel veranschaulicht. Die Lauf- und Fangspiele, die Versteck- und Suchspiele sind für unsere Kindheit immer attraktiv, ebenso wie für die von Jungen und Kätzchen. Aber das lange Fortbestehen dieses Genusses unter reifen zivilisierten Wesen ist auf ihre Männlichkeit zurückzuführen. Die Gruppe assoziierter Sexualtriebe, die bei der Frau zum geduldigen Dienst und zur grimmigen Verteidigung des kleinen Kindes führt, hat beim Mann ihre tiefste Wurzel im Suchen, Verfolgen und Fangen. Aufgrund seiner langen Vorfahren ist die Jagd mehr als nur ein Mittel zur Nahrungsbeschaffung; Es bedeutet, um jeden Preis zu folgen, alle Schwierigkeiten zu überwinden, um den zentralen Preis seines Seins zu kämpfen und ihn zu sichern – einen Partner.

Seine „Beschützerinstinkte" sind viel später und oberflächlicher. Seine Frau und seine Kinder zu unterstützen und für sie zu sorgen, ist eine neue Gewohnheit, die historisch gesehen offensichtlich ist; aber „das Vergnügen der Jagd" ist älter. Wir sollten uns daran erinnern, dass assoziierte Gewohnheiten und Impulse in lebenden Formen über Jahrhunderte bestehen bleiben; wie in den Baumkletterinstinkten unserer frühesten Jahre, simianischen Ursprungs; und die Liebe zum Wasser, die noch lange zurückreicht. Während Millionen von Jahren die stärkste Freude, für die ein bestimmter Organismus geeignet ist, durch eine bestimmte Gruppe von Aktivitäten erlangt wird, werden diese Aktivitäten noch lange Freude bereiten, nachdem ihr früherer Nutzen verschwunden ist.

Aus diesem Grund genießen Männer den „Eifer des Strebens" weitaus mehr als Frauen. Es ist eine im Wesentlichen männliche Leidenschaft. Es befriedigt ihn nicht, leicht an das zu kommen, was er will. Er will es wollen.

Er möchte es jagen, suchen, jagen, fangen. Er möchte, dass es „Spiel" ist. Aufgrund seines Geschlechts ist er ein Sportler.

Es gibt keinen Grund, warum diese besonderen Instinkte nicht befriedigt werden sollten, solange dadurch die wichtigeren sozialen Prozesse nicht beeinträchtigt werden; aber es ist durchaus wünschenswert, dass wir ihre Natur verstehen. Der Grund, warum wir derzeit eine überwältigende Masse an „Sportveranstaltungen" haben, vom Ballspiel bis zum Preiskampf, liegt darin, dass unsere Zivilisation so überwiegend männlich ist. Wir werden sie mit mehr Recht kritisieren, wenn wir sehen, dass all diese Massen an Genüssen erstens eine Form des Geschlechtsausdrucks und zweitens ein Überbleibsel von Instinkten sind, die älter sind als die älteste Grausamkeit.

Neben unseren Spielen und Sportarten gibt es bei uns auch ein großes Spektrum an „Vergnügungen", die einen Blick wert sind. Es macht uns nicht nur Spaß, Dinge zu tun, wir genießen es auch, zu sehen, wie andere sie erledigen. In diesen hochspezialisierten Tagen besteht der größte Teil unseres Vergnügens darin, zwei Dollar zu zahlen, um drei Stunden lang zu sitzen und zuzusehen, wie andere Leute Dinge tun.

Dies ist im weitesten Sinne völlig menschlich. Als soziale Wesen können wir tausend Ausdrucksformen genießen, die weit über das Persönliche hinausgehen. Die Vögel müssen jeder sein eigenes Lied singen; die Grillen zirpen in millionenfacher Leistung; Aber der Mensch spürt den tiefen Schauer der Freude an seinen besonderen Sängern, Schauspielern, Tänzern sowie an seinen eigenen persönlichen Versuchen. Dass wir Freude daran haben, einander zu beobachten, ist menschlich natürlich, aber was wir beobachten, die Art des Vergnügens und die Art der Darbietung, eröffnet ein weites Feld der Wahl.

Wir wissen zum Beispiel etwas über die groben Auswüchse der Tänze der australischen Ureinwohner; wir wissen mehr über die grobe Zügellosigkeit des alten Roms; Wir kennen die Bandbreite der Witze im Mittelalter und die kindliche Brutalität in der Stierkampfarena und im Cockpit. Mit einem Wort wissen wir, dass Vergnügungen unterschiedlich sind; dass sie einen guten Maßstab für Charakter und Kultur bilden; dass sie einen starken erzieherischen Einfluss im Guten wie im Schlechten haben. Was wir bisher nicht beobachtet haben, ist der überwiegend männliche Einfluss auf unsere Vergnügungen. Wenn wir uns noch einmal die Aussage über unterhaltsame Anekdoten ins Gedächtnis rufen: „Es gibt dreißig gute Geschichten auf der Welt, und neunundzwanzig davon kann man Frauen nicht erzählen", erhalten wir ein eklatantes Nebenlicht auf die männliche Spezialisierung auf Witze .

„Frauen haben keinen Sinn für Humor", heißt es oft, zutreffender wäre jedoch „Frauen haben keinen männlichen Sinn für Humor". Wenn Frauen dreißig „gute Geschichten" hätten, von denen neunundzwanzig Männern nicht erzählt werden könnten, wäre es möglich, dass Männer, wenn sie einige der neunundzwanzig hörten, sie nicht lustig finden würden. Das Übergewicht eines Geschlechts hat sich in unseren Vergnügungen wie überall sonst bemerkbar gemacht.

Da Männer in der Menschheit weiter entwickelt sind als Frauen, haben sie große Vergnügungsstätten gebaut und organisiert; Weil sie ihre ungehemmte Männlichkeit in ihre Menschlichkeit hineintrugen, haben sie diese Vergnügungen entsprechend gestaltet. Dramatischer Ausdruck ist im wahrsten Sinne des Wortes nicht nur eine menschliche Auszeichnung, sondern eine unserer edelsten Künste. Es ist mit den höchsten Emotionen verbunden; ist religiös, pädagogisch, patriotisch und deckt die gesamte Bandbreite menschlicher Gefühle ab. Dadurch sollten wir stets in der Lage sein, in hörbarer, sichtbarer Form, lebendig und bewegend, den Lebensabschnitt auszudrücken, den wir am meisten genossen oder den wir am liebsten sehen wollten. Es gab eine Zeit, in der das Drama das Leben bestimmte; erhoben, gelehrt, inspiriert, erleuchtet. Jetzt besteht seine Hauptfunktion darin, zu unterhalten. Unter der Forderung nach Unterhaltung ist es verbilligt und vergröbert worden, und jetzt liefern uns die tausend Varietés und Bildershows die zerbrochenen Fragmente einer heruntergekommenen Kunst, von der unser einziger Hauptanspruch darin besteht, dass sie uns zum Lachen bringen soll.

Hier sind viele Ursachen am Werk; und während diese Studie versucht, in verschiedenen Bereichen eine Ursache aufzuzeigen, behauptet sie nicht, dass die Ursache die einzige ist. Unsere wirtschaftlichen Bedingungen haben einen enormen Einfluss auf unsere Vergnügungen, wie auch auf alle anderen menschlichen Phänomene; Doch selbst unter wirtschaftlichem Druck sind die Reaktionen von Männern und Frauen oft unterschiedlich. Müde Männer und Frauen brauchen gleichermaßen Vergnügen, Entspannung und erholsame Abwechslung durch verantwortungslose Fröhlichkeit. Die große Mehrheit der Frauen, die länger arbeiten als jede andere Klasse, brauchen es dringend und bekommen es nie. Vergnügen, Unterhaltung und Erholung sollten uns allen offen stehen und von allen genossen werden. Dies ist ein menschliches Bedürfnis und kein Unterschied zwischen den Geschlechtern. Wie die meisten menschlichen Dinge wird es nicht nur weitgehend von Männern monopolisiert, sondern durch und durch vermännlicht . Viele Formen der Unterhaltung sind nur Männern vorbehalten; hauptsächlich eher für Männer; Alle sind für Männer, wenn sie sich dafür entscheiden.

Der Auftritt von Frauen auf der Bühne und ihr zunehmender Theaterbesuch haben die Art der Aufführung etwas verändert; Selbst das „kultivierte Varieté" zeigt nun den Einfluss von Frauen. Es wäre kein großer Vorteil, wenn dieser Bereich des menschlichen Lebens feminisiert würde;

Die gewünschte Verbesserung besteht darin, dass es weniger maskulinisiert wird . den übermäßigen Einfluss einer Person zu reduzieren und die breiten menschlichen Interessen und Freuden hervorzuheben, an denen Männer und Frauen gleichermaßen teilnehmen und die sie genießen können.

VII. ETHIK UND RELIGION.

Die Gesetze der Physik waren am Werk, bevor wir auf der Erde waren, und wirkten weiter auf uns, lange bevor wir die Intelligenz hatten, sie wahrzunehmen, geschweige denn zu verstehen. Unser nachgewiesenes Wissen über diese Prozesse stellt „die Wissenschaft der Physik" dar; aber die Gesetze waren vor der Wissenschaft da.

Physik ist die Wissenschaft der materiellen Beziehungen, also wie Dinge und Naturkräfte miteinander und aufeinander wirken. Ethik ist die Wissenschaft der sozialen Beziehungen, also der Art und Weise, wie Personen und soziale Kräfte miteinander und aufeinander wirken.

Ethik ist für die menschliche Welt das, was Physik für die materielle Welt ist; Die Unkenntnis der Ethik bringt uns im Hinblick auf einander in die gleiche hilflose Lage wie die Unkenntnis der Physik im Hinblick auf Erde, Luft, Feuer und Wasser.

Sicherlich lebten und starben die Menschen und verbesserten sich allmählich, obwohl sie die Naturwissenschaften noch nicht kannten; Sie entwickelten eine grobe „Faustregel"-Methode, wie es Tiere tun, und setzten große Kräfte ein, ohne sie zu verstehen. Aber ihr Leben wurde sicherer und ihr Fortschritt beschleunigte sich, je mehr sie lernten und begannen, Diener der Kräfte zu werden, die ihre Herren gewesen waren.

Wir haben, lahm genug, mit schrecklichen Verlusten und Leid Fortschritte gemacht, von völliger Grausamkeit bis zu unserem heutigen Grad an Zivilisation; Wir werden sicherer und schneller vorankommen, wenn wir mehr über die Wissenschaft der Ethik lernen.

Beachten wir zunächst, dass die zugrunde liegenden Gesetze der Ethik zwar stabil und zuverlässig bleiben, die menschlichen Vorstellungen von ihnen jedoch sehr unterschiedlich waren und immer noch variieren. In verschiedenen Rassen, Altersgruppen, Klassen und Geschlechtern herrschen unterschiedliche Ansichten über die Ethik vor; Das Verhalten des Volkes wird durch seine Ansichten verändert, und sein Wohlstand wird durch sein Verhalten verändert.

Der primitive Mensch erkannte sehr bald, dass Verhalten wichtig ist. Als das Bewusstsein zunahm und die Fähigkeit erlangte, Handlungen von innen heraus zu modifizieren, anstatt hilflos auf Reize von außen zu reagieren, entstanden die groben ersten Codes der Ethik, das „Du sollst" und „Du sollst nicht" des tapferen Wilden. Meistens hieß es: „Du sollst nicht." Die Hemmung, die Unterdrückung eines Impulses, der sich als nachteilig erwiesen hat, war eine frühere und einfachere Form des Handelns als die spätere menschliche Fähigkeit, sich bewusst für eine Handlung zu entscheiden und diese zu befolgen, ohne dass dazu ein Anreiz außer dem eigenen Willen nötig wäre.

Die primitive Ethik besteht hauptsächlich aus Tabus – den Dingen, die verboten sind; und alle unsere düsteren Vorstellungen von Ethik bis heute sowie die meisten unserer Religionen beschäftigen sich hauptsächlich mit Verboten.

Dies ist fast die gesamte Leitung unseres Kindergartens, was in gewisser Weise auch an der abgedroschenen Geschichte des Kindes deutlich wird, das sagte, sein Name sei „Maria". „Mary was?" sie fragten sie. Und sie antwortete: „Mary, nicht." Es ist auch der Hauptbestandteil unserer Rechtssysteme – eine komplexe Ansammlung von Verboten und Verhinderungen. Und selbst in Bezug auf Manieren und Konventionen gibt es weitaus mehr Dinge, die man nicht tun sollte als die, die man tun sollte. Eine allgemeine Politik der Verneinung prägt unsere Vorstellungen von Ethik und Religion.

Als die positive Seite zu entwickeln begann, geschah dies zunächst in rein willkürlicher und künstlicher Form. Von den Anhängern einer bestimmten Religion wurde verlangt, bestimmte Bewegungen auszuführen, wie sich niederzuwerfen, niederzuknien und dergleichen; von ihnen wurde verlangt, den Göttern und ihren Priestern Tribut, Opfer, Zehnten und Opfergaben zu erbringen; es wurden ihnen zu bestimmten Zeiten kleine Sonderaufführungen auferlegt; das Spektrum der verbotenen Dinge war breit; Der Bereich der befohlenen Dinge war eng. Die christliche Religion, praktisch interpretiert, erfordert eine umfassendere „Wandelung des Herzens" und eine umfassendere Veränderung des Lebens als jede andere Religion davor; Dies mag zugleich der Grund für seine große Anziehungskraft auf aufgeklärte Völker und seine geringe Anwendbarkeit sein.

Bei der Untersuchung des Feldes zeigt sich wiederum, dass wir mit der Erweiterung unseres Verständnisses ethischer Werte und der Tatsache, dass wir immer mehr Handlungen und Tendenzen als „richtig" und „falsch" bezeichneten, erstaunliche Schwankungen und Launen in unserem Urteilsvermögen zeigten. Nicht nur in unseren Religionen, die zwangsläufig ihre eigenen vorgeschriebenen Handlungen als am „richtigsten" und ihre eigenen besonderen Verbote als am „falschsten" angesehen haben; Aber in unseren Überzeugungen über Ethik und unser wirkliches Verhalten haben wir uns absurderweise unterschieden.

Nehmen wir zum Beispiel das ethische Konzept der „Gentlemen", das vor etwa einem Jahrhundert existierte und das Bezahlen der Spielschulden als eine geradezu heilige Pflicht und das Bezahlen eines Händlers, der einen ernährt und gekleidet hatte, als eine völlig vernachlässigbare Pflicht betrachtete Gegenstand. Wenn der Prozess des Glücksspiels einen sozialen

Dienst darstellte und die Bereitstellung von Nahrungsmitteln und Kleidung nicht, wäre dies möglicherweise eine gute Ethik; aber da das Gegenteil der Fall ist, müssen wir diese eigentümliche Ansicht aus anderen Gründen erklären.

Während in Japan ein Mädchen berechtigt ist, ein Leben in Scham zu führen, um seine Eltern zu ernähren, haben wir einen besonderen ethischen Standard, der für westliche Köpfe schwer zu verstehen ist. Doch in einem solchen Fall, wie er in „Auld Robin Gray" beschrieben wird, sehen wir genau denselben Code; Um ihren Eltern zu helfen, heiratet das Mädchen einen reichen alten Mann, den sie nicht liebt – was bedeutet, dass sie ein Leben in Schande führt. Die ethische Sichtweise, die dies rechtfertigt, stellt das Wohl der Eltern über das Wohl der Kinder, beraubt die Tochter des Glücks und der Mutterschaft und schädigt die Nachkommenschaft, um den Vorfahren zu helfen.

Dies ist eines der Produkte dieser sehr frühen Religion, der Ahnenverehrung; und hier legen wir den Finger auf einen deutlich männlichen Einfluss.

Wir wissen wenig über ethische Werte während des Matriarchats; Was auch immer sie waren, ihre Sanktion musste auf einen Kult der promiskuitiven, aber effizienten Mutterschaft angewiesen sein. Unsere aufgezeichnete Geschichte beginnt in der patriarchalischen Zeit, und wir kennen nur ihre Ethik.

Der Mutterinstinkt ist in der gesamten Natur ein Instinkt der uneingeschränkten Hingabe, der Liebe und des Dienens, der Fürsorge und der Verteidigung , ohne Eigeninteresse. Der Tiervater unterstützt in den Fällen, in denen er den Jungen dient, die Mutter in ähnlicher Weise bei ihrer Arbeit. Aber der menschliche Vater in der Familie mit dem männlichen Oberhaupt machte diese Familie bald zu einem Instrument des Verlangens, des Kampfes und des Selbstausdrucks, indem er den im Wesentlichen männlichen Impulsen folgte. Die Kinder gehörten ihm, und wenn sie männlich waren, waren sie wertvoll, um ihm zu dienen und ihn zu verherrlichen. In seiner Herrschaft über unterwürfige Frauen und hilflose Kinder ließ er dem Anwachsen von Stolz und der Ausübung unverantwortlicher Tyrannei freien Lauf. Auf diese über Jahrtausende unkontrolliert entwickelten Gefühle und die daraus resultierenden mentalen Gewohnheiten lässt sich leicht ein Großteil der Voreingenommenheit unserer frühen ethischen Konzepte zurückführen.

lohnt es sich, an dieser Stelle zu wiederholen, dass es in diesem Buch keineswegs darum geht, den Männern einen völlig bösen und den Frauen einen völlig guten Einfluss zuzuschreiben; Es wird nicht einmal behauptet, dass eine rein weibliche Kultur die Welt erfolgreicher vorangebracht hätte.

Es wird behauptet, dass der Einfluss der beiden zusammen besser ist als der eines einzelnen allein; und insbesondere darauf hinzuweisen, welche besondere Art von Verletzung bisher auf den ausschließlichen Einfluss eines Geschlechts zurückzuführen ist.

Wir haben heute einen Grad der menschlichen Entwicklung erreicht, bei dem sowohl Männer als auch Frauen in der Lage sind, über die Unterschiede der Geschlechter hinwegzusehen und gemeinsam für den Fortschritt der Welt zu arbeiten. Unser Fortschritt wird jedoch ernsthaft durch das behindert, was wir die männliche Tradition nennen könnten, die unbewusste Dominanz einer Rassengewohnheit, die auf dieser langen androzentrischen Periode basiert; und es lohnt sich im Interesse beider Geschlechter, die schädlichen Auswirkungen der Vorherrschaft eines Geschlechts aufzuzeigen.

Wir haben in unserer Ethik nicht nur in einem speziellen Bereich eine „Doppelmoral", sondern in fast allen. Der Mann als Geschlecht vergöttert ganz natürlich eher seine eigenen Eigenschaften als die seines Gegenübers. In seinen Sitten-, Moral- und Gesetzeskodizes, in seinen frühen Vorstellungen von Gott und seinen alten Religionen sehen wir, dass Männlichkeit auf allen Seiten großgeschrieben wird. Indem er die Frauen völlig auf ihre weiblichen Funktionen beschränkte, forderte er von ihnen nur das, was er weibliche Tugenden nannte, und die eine Tugend, die er forderte, wird, bis alle anderen völlig in den Schatten gestellt wurden, an völlig männlichen Anforderungen gemessen.

Im Interesse der Gesundheit und des Glücks erweist sich die monogame Ehe in unserer Rasse wie auch in anderen als ihre Überlegenheit. Für das beste Wachstum der Menschheit ist es wichtig, dass wir die Tugend der Keuschheit praktizieren. Es ist eine menschliche Tugend, keine weibliche. Aber in männlichen Händen wurde diese Tugend den Frauen unter der Strafe abscheulicher Grausamkeit aufgezwungen und von den Männern völlig ignoriert. Die männliche Ethik, geprägt von männlichen Instinkten, immer vom Sex dominiert, hat sofort den Wert der Keuschheit bei der Frau erkannt, was richtig ist; hat sein Fehlen ungerecht bestraft, was falsch ist; Und dann wurde die ganze Sache umgekehrt, wenn man sie auf Männer anwendete, was lächerlich ist.

Ethische Gesetze sind Gesetze – keine leeren Vorstellungen. Keuschheit ist eine Tugend, weil sie das menschliche Wohlergehen fördert – und nicht, weil Männer sie bei Frauen schätzen und sie selbst ignorieren. Der Grund für das Ganze ist das Wohl des Kindes; und zu diesem Zweck ist eine reine und edle Vaterschaft sowie eine solche Mutterschaft erforderlich. Unter den Beschränkungen einer zu männlichen Ethik haben wir in dieser einen Linie soziale Zustände entwickelt, die absurd komisch wären, wenn sie nicht so schrecklich wären.

Allerdings bestätigt die Religion diese Haltung nicht. Das immense menschliche Bedürfnis nach Religion, der edle menschliche Charakter der großen Religionslehrer hat bei seiner Festlegung stets seine Maßstäbe über menschliches Verhalten gestellt.

Es gibt einige, gelehrte und autoritäre Männer, die meinen, die lähmende Unbeweglichkeit unserer Religionen, ihr Widerstand gegen den Fortschritt und die unermüdliche Bewahrung primitiver Ideale seien auf den Konservatismus der Frauen zurückzuführen. Männer, sagen sie, seien von Natur aus fortschrittlich; Frauen sind konservativ. Frauen sind religiöser als Männer und behalten daher alte religiöse Formen unverändert bei, nachdem die Männer ihnen entwachsen sind.

Wenn wir Frauen in absoluter Freiheit sehen würden, mit einer eigenen Religion, die von Frauen erfunden, von Frauen praktiziert und über die Jahrhunderte hinweg unverändert geblieben wäre; Während die Menschen andererseits mutig voranschritten und so schnell neue herstellten, wie sie benötigt wurden, konnte dieser Glaube aufrechterhalten werden. Aber was sehen wir? All die alten Religionen, die von Männern geschaffen und den Frauen aufgezwungen wurden, ob es ihnen gefiel oder nicht. Oft wurden Frauen nicht einmal als Teil des Systems berücksichtigt – ihnen wurde eine Seele verweigert –, ihnen wurde ein viel niedrigerer Platz im System eingeräumt – sie wechselten vom Dienst der Götter ihres Vaters in den Dienst ihrer Ehemänner und hatten keine eigene Seele. Wir sehen Religionen, in denen Frauen praktisch keinen Platz haben, wie etwa die Muslime, ebenso streng bigott und unveränderlich wie alle anderen.

Wir sehen auch Folgendes: Je umfassender und tiefer die Religion, je menschlicher sie ist, desto mehr erfordert sie praktische Anwendungen im Christentum – desto mehr spricht sie Frauen an. Darüber hinaus stellen wir fest, dass in den divergierenden Sekten der christlichen Religion ihre Fortschrittlichkeit nicht an der Zahl ihrer weiblichen Anhänger gemessen werden muss, sondern an ihrer relativen Freiheit. Die Frauen Amerikas, die tausenden Sekten angehören, die mit Eifer neuen Sekten folgen, die sie sogar herstellen und die sie auch alle verlassen, wie es Männer tun, sind Frauen, ebenso wie die Frauen Spaniens, die zufriedene Romanistinnen bleiben, aber In Amerika ist der Status der Frauen höher.

Tatsache ist: Eine unterwürfige Weiblichkeit befindet sich in einem Zustand der gehemmten Entwicklung und bildet als solche einen Grund für die Beibehaltung alter Ideen. Aber das liegt an der Bedingung der Unterwürfigkeit, nicht an der Weiblichkeit. Dass Frauen heute das Bollwerk der älteren Formen unserer Religionen sind, ist auf das Handeln von zwei Klassen von Männern zurückzuführen: den Männern der Welt, die Frauen in ihrer eingeschränkten Stellung halten, und den Männern der Kirche, die jeden

Vorteil ausnutzen über die Einschränkungen von Frauen. Wenn wir zum ersten Mal in der Geschichte eine wirklich zivilisierte Frau haben, können wir deren Auswirkungen auf die Religion besser beurteilen.

Mittlerweile können wir die Wirkung der Männlichkeit recht deutlich erkennen. Wenn wir uns diese grundlegenden männlichen Impulse vor Augen halten – Begierde und Kampf –, sehen wir, wie sie sich in ihren religiösen Konzepten vom Himmel widerspiegeln. Belohnen! Etwas, das man sich unbedingt wünschen und das man nur schwer erreichen kann! Dies ist ein vollkommen männliches und höchst unvollkommen religiöses Konzept. Eine Religion ist teilweise eine Erklärung – eine Theorie des Lebens; Es ist zum Teil Emotion – eine Geisteshaltung, zum Teil handelt es sich um Handlung – ein Moralsystem. Der besondere Einfluss des Menschen auf dieses große Feld der menschlichen Entwicklung ist klar. Er stellte sich seine frühen Götter als ihm selbst ähnlich vor und sie verhielten sich im Einklang mit seinen Idealen. In den dunkelsten, ältesten Religionen, die dem Matriarchat am nächsten stehen, finden wir große Göttinnen – Arten von Mutterschaft, Mutterliebe, Mutterfürsorge und Dienst. Aber unter männlicher Dominanz schrumpfen Isis und Ashteroth zu einer verführerischen Aphrodite – nicht zur Weiblichkeit für das Kind und die Welt, sondern zur Inkarnation weiblicher Attraktivität für den Mann.

Als sich die Vorstellung vom Himmel im Geist des Menschen entwickelte, wurde er zum glücklichen Jagdrevier der Wilden, zum bierigen und blutigen Walhalla der Normannen, zum üppigen, vielstündigen Paradies der Mohammedaner. Das sind alles Männerhimmel. Frauen haben die Jagd, das Bier und das Blut noch nie so sehr gemocht; und ihre Houris wären von der anderen Art. Man kann sagen, dass die frühchristliche Vorstellung vom Himmel keineswegs für Menschen gedacht war. Das ist banal und vielleicht der Grund, warum es noch nie eine so unwiderstehliche Anziehungskraft auf sie ausgeübt hat.

Schon sehr früh in seinen vagen Bemühungen, sich religiös auszudrücken, äußerte der Mensch seinen zweitstärksten Instinkt – den des Kampfes. Sein Universum ist immer dual, immer ein Kampfschauplatz. Mit diesem Impuls geboren, übte er ihn ständig aus und ging natürlich davon aus, dass dies der wichtigste Prozess im Leben sei. Es ist nicht. Wachstum ist der Hauptprozess. Der Kampf ist ein nützlicher Nebenprozess, der vor allem für seine anfängliche Verwendung wertvoll ist, um die physische Überlegenheit des Siegers zu vermitteln. Psychische und soziale Vorteile werden dadurch nicht gesichert oder weitergegeben.

An keinem Punkt kommt der androzentrische Charakter unseres gemeinsamen Denkens deutlicher zum Ausdruck als an der allgemeinen Vergöttlichung dessen, was heute als „Konfliktreize" bezeichnet wird. Man geht davon aus, dass das, was für das männliche Geschöpf als solches gilt, auch für das Leben im Allgemeinen gilt; ganz natürlich, aber keineswegs richtig. Auf diesen universellen männlichen Irrtum können wir im Bereich der Religion und Ethik die Theorie des großen Teufels zurückführen, die unseren Verstand so lange verdunkelt hat. Ein Gott ohne Gegner war für den männlichen Geist unvorstellbar. Aufgrund dieses grundlegenden Missverständnisses stellen wir fest, dass alle unsere Vorstellungen von Ethik verzerrt sind; Was als eine Gruppe von zu lernenden Wahrheiten und zu kultivierenden Gewohnheiten hätte behandelt werden sollen, wurde als Kampf behandelt, und moralisches Wachstum machte einen ewigen Kampf aus. Diese Kampftheorie können wir später in unsere gemeinsamen Vorstellungen von Disziplin, Regierung, Gesetz und Bestrafung einfließen lassen; Reicht es hier aus, die schmerzhaften Auswirkungen in diesem primären Bereich der Ethik und Religion zu sehen?

Das dritte wesentliche männliche Merkmal des Selbstausdrucks können wir von seiner unschuldigen natürlichen Form im stolzierenden Hahn oder stampfenden Hirsch bis hin zu den Eigenschaften verfolgen, die wir als Eitelkeit und Stolz bezeichnen. Die Erniedrigung der Frauen, indem man sie dazu zwingt, männliche Methoden der persönlichen Verzierung als Lebensunterhalt anzunehmen, ging mit der persönlichen Eitelkeit einher; aber bis zum heutigen Tag und im schlimmsten Fall finden wir bei Frauen nicht den naiven, jubelnden Glanz des Stolzes, *der* dazugehört Der Busen der Männer, die mit Blaskapellen und in vollem Ornat jeglicher Art in Prozession marschieren, schwillt an, so dass er prachtvoll ist und allen ihre Herrlichkeit zeigt.

Es ist dieser rein männliche Geist, der unseren frühen Vorstellungen von der Gottheit die nicht bewundernswerten Eigenschaften von grenzenlosem Stolz und einem Durst nach ständigem Lob und niedergeschlagener Bewunderung verliehen hat, Eigenschaften, die sicherlich zu keiner edlen Vorstellung von Gott passen. Verlangen, Kampf und Selbstdarstellung hatten alle ihren unvermeidlichen Einfluss auf männliche Religionen. Was die vergöttlichte Mutterschaft in einer rein weiblichen Kultur hervorgebracht haben könnte, wissen wir nicht, da es eine solche nicht gab. Frauen wird im Allgemeinen ein ebenso großes moralisches Gespür und ein ebenso großer religiöser Instinkt zugeschrieben wie Männern; aber bisher hatte es nur geringe Macht, unsere vorherrschenden Glaubensbekenntnisse zu ändern.

Tatsächlich sollten keine besonderen Geschlechtsmerkmale in unseren Vorstellungen von richtig und falsch eine Rolle spielen. Ethik und Religion sind eindeutig menschliche Anliegen; Sie gehören zu uns als soziale Faktoren, nicht als physische. Wenn wir lernen, unser Menschsein zu erkennen und unsere Geschlechtsmerkmale dort zu belassen, wo sie hingehören, werden wir endlich etwas über Ethik als einfache und praktische Wissenschaft lernen und sehen, dass Religionen wachsen, während der Geist wächst, um sie zu formulieren.

Wenn jemand nach einem klaren, einfachen und leicht verständlichen Beweis unserer Ethik sucht, findet er ihn in einem populären Sprichwort. Auf dem Weg vom Tier und Wilden zum Menschen hat der Mensch verschiedene menschliche Tugenden gesehen, verehrt und danach gestrebt, sie zu erlangen.

Er war bereit, viele primitive Impulse einzudämmen, viele barbarische Gewohnheiten zu ändern und neuere, edlere Kräfte zu manifestieren. Vieles würde er der Menschheit zugestehen, aber nicht seinem Geschlecht – das lag außerhalb des Rahmens von Ethik oder Religion. Durch den Stand dessen, was er „Moral" nennt, und durch die Gesetze, die er erlässt, um sie zu regeln, durch seine Einstellung beim Werben und in der Ehe und durch die krasse Anomalie des Militarismus, in all seiner sinnlosen Verschwendung von Leben, Reichtum und Freude, wir mag diese kleine männliche Ausnahme wahrnehmen:

„In Liebe und Krieg ist alles in Ordnung."

VIII. AUSBILDUNG.

Der Ursprung der Bildung ist mütterlich. Man sieht, dass das Muttertier seinen Jungen beibringt, was es über das Leben, seine Gewinne und Verluste weiß; und ob bewusst getan oder nicht, das ist Bildung. In unserem menschlichen Leben ist Bildung, auch in ihrem gegenwärtigen Zustand, der wichtigste Prozess. Ohne sie könnten wir uns nicht behaupten, geschweige denn die Bedingungen beherrschen und verbessern, wie wir es tun; und wenn Bildung das ist, was sie sein sollte, wird unsere Macht weit über die gegenwärtigen Hoffnungen hinaus wachsen.

Bei niederen Tieren müssen im Allgemeinen die Kräfte der Rasse in jedem Einzelnen verankert sein. Kein persönlicher Erfahrungsgewinn nützt den anderen. Es bleiben keine Vorteile übrig, außer den physisch übertragenen. Die engen Grenzen des persönlichen Gewinns und des persönlichen Erbes hemmen den untermenschlichen Fortschritt strikt. Bei uns kann das, was man lernt, den anderen beigebracht werden. Unser Leben ist sozial, kollektiv. Unser Gewinn kommt allen zugute und kommt uns in dem Maße zugute, wie wir ihn allen zugutekommen. Während sich die menschliche Seele in uns entwickelt, werden wir in der Lage, unsere gemeinsamen Bedürfnisse und Vorteile besser zu erfassen; und mit diesem Wachstum ging auch die Ausweitung der Bildung auf die gesamte Bevölkerung einher. Soziale Funktionen entwickeln sich wie physikalische nach Naturgesetzen und können auf ähnliche Weise untersucht werden.

Welche Auswirkung hatte der ausschließlich männliche Einfluss auf die Entwicklung dieser grundlegenden sozialen Funktion?

Der ursprüngliche Prozess, die Unterweisung des einzelnen Kindes durch die einzelne Mutter, wurde in unserer vom Menschen geschaffenen Welt weitgehend vernachlässigt. Dies wurde als untergeordnete Sexualfunktion der Frau betrachtet und als solche ihrem „Instinkt" überlassen. Dies ist der Hauptgrund dafür, dass wir bei der Bildung älterer Kinder und insbesondere bei Jugendlichen so große Fortschritte erzielen, bei den Kleinen dagegen vergleichsweise geringe Fortschritte.

Wir hatten auf der einen Seite den natürlichen Ablauf der Müttererziehung mit ihrer ersten Assistentin, dem Kindermädchen, und ihrer zweiten, der „Damenschule"; und auf der anderen Seite der Einfluss der dominanten Klasse, die in Universitäten, Hochschulen und öffentlichen Schulen organisiert ist und langsam nach unten dringt.

Es gibt viele pädagogische Kräfte. Das Kind wird in bestimmte physische und psychische Bedingungen hineingeboren und dadurch „erzogen". Er wächst in soziale, politische und wirtschaftliche Verhältnisse hinein und wird durch sie weiter verändert. Alle diese Zustände waren bisher androzentrischer Natur; aber was wir Bildung als einen besonderen sozialen Prozess nennen, ist das, was dem Kind bewusst beigebracht und ihm unterworfen wird; und hier können wir den gleichen dominanten Einfluss so deutlich sehen.

Diese bewusste Erziehung wurde lange Zeit nur den Jungen zuteil, während die Mädchen dem mütterlichen Einfluss überlassen wurden und jede lernen sollte, was ihre Mutter wusste, und nicht mehr. Dieses sehr klare Beispiel der männlichen Theorie ist für sich genommen eklatant genug, um eine Argumentation darauf zu stützen. Es zeigt, wie absolut die Annahme war, dass die Welt aus Menschen bestehe und nur Männer dafür geeignet seien. Frauen waren kein Teil der Welt und brauchten keine Schulung für die Anwendung. Als Weibchen wurden sie geboren und nicht erschaffen; Als Menschen waren sie nur Dienerinnen, die von ihren Dienstmüttern als solche ausgebildet wurden.

Mit jedem Jahr wachsen wir schneller über dieses Bildungssystem hinaus. Die zunehmende Menschlichkeit von Frauen und ihre Anerkennung erzwingen eine gleichberechtigte Bildung für Jungen und Mädchen. Als diese Forderung zum ersten Mal gestellt wurde, von Frauen von ungewöhnlichem Kaliber und von Männern, die menschlich genug waren, um über sexuelle Vorurteile hinwegzusehen, wie wurde ihr dann entsprochen? Wie verhielt sich die „natürliche Beschützerin" der Frau, als sie begann, Anteil am menschlichen Leben zu fordern?

Unter der allgemeinen Annahme, dass nur Männer die Menschheit seien, dass die Welt männlich und nur für Männer sei, wurden die Bemühungen der Frauen als bewusster Versuch interpretiert, sich selbst zu „entsexen" und Männer zu werden. Eine Frau zu sein bedeutete unwissend und ungebildet zu sein; Klug und gebildet zu sein bedeutete, ein Mann zu sein. Frauen waren offensichtlich keine Männer; deshalb konnten sie keine Bildung erhalten und sollten es auch nicht wollen.

Unter diesem androzentrischen Vorurteil wurde die gleichberechtigte Ausweitung der Bildung auf Frauen auf Schritt und Tritt abgelehnt und wird noch immer von vielen abgelehnt. Da sie in Frauen nur Sex und nicht Menschlichkeit sahen, würden sie sie ausschließlich auf weibliche Interessen beschränken. Das ist die männliche Sichtweise *schlechthin* . Trotzdem ist die menschliche Entwicklung der Frau, die unsere Zeit so großartig kennzeichnet, weitergegangen; und jetzt bieten sowohl Frauenhochschulen als auch solche für beide Geschlechter unseren Mädchen „die höhere Bildung" sowie die unteren Klassenstufen in Schule und Kindergarten.

In der speziellen Berufsausbildung erlebte man den gleichen Widerstand, sogar noch erbitterter und grausamer. Man könnte annehmen, dass beim

Eintritt einiger zögerlicher und zwangsläufig minderwertiger weiblicher Anfängerinnen in ein Gewerbe oder einen Beruf die Besitzer ihnen die rechte Hand der Kameradschaft, zusätzliche Unterstützung als Anfängerinnen und besondere Höflichkeit als Frauen entgegenstrecken würden.

Das Gegenteil geschah. Frauen wurden ausgeschlossen, diskriminiert, als Konkurrentinnen ausgenutzt; und als Frauen mussten sie statt besonderer Höflichkeit besondere Gefahren und Beleidigungen ertragen. Ein unvergessliches Beispiel hierfür ist die Haltung der medizinischen Hochschulen gegenüber Studentinnen. Die Männer, die stark genug waren, um großzügig zu sein, stellten sich den Neuankömmlingen zunächst mit absoluter Ablehnung entgegen; Als dann die geduldigen, hartnäckigen Bewerber hereinkamen, begegneten ihnen sowohl Schüler als auch Lehrer nicht nur mit Unfreundlichkeit und Ungerechtigkeit, sondern auch mit einer genial gewählten und höchst diskreditierbaren Waffe – nämlich Obszönität. Ernsthafte Professoren in Vorlesungen und Kliniken sowie grinsende Studenten benutzten beleidigende Ausdrücke und spielten beleidigende Streiche, um die Frauen zu vertreiben – eine äußerst androzentrische Leistung.

Denken Sie daran, dass die wesentliche männliche Haltung eine des Widerstands und des Kampfes ist; sein Wunsch wird erfüllt, indem er zunächst einen Konkurrenten besiegt; Und dann sehen Sie, wie diese dominante Männlichkeit dort hervorsticht, wo sie keinen möglichen Nutzen oder Nutzen hat – im Bereich der Bildung. Auf der ganzen Linie kämpfte der Mann, langjähriger Meister eines Subjektgeschlechts, jeden Schritt der Frau in Richtung geistiger Gleichheit. Doch seit der moderne Mensch menschlich genug geworden ist, um gerecht zu sein, hat er sie endlich an den Vorteilen der Bildung teilhaben lassen; und sie hat ihre volle Fähigkeit bewiesen, diese Vorteile zu schätzen und zu nutzen.

Dann erhebt sich heute ein neuer Schrei gegen „Frauen in der Bildung". Hier ist Herr Barrett Wendell aus Harvard, der feierlich behauptet, dass das Unterrichten von Frauen den Intellekt des Lehrers schwächt, und hin und wieder hektische Alarmrufe über die „Feminisierung" unserer Schulen ausstößt. Es stimmt, dass die Mehrheit der Lehrkräfte mittlerweile Frauen sind. Es stimmt, dass sie einen Einfluss auf heranwachsende Kinder haben. Es scheint sogar wahr zu sein, dass Frauen größtenteils dafür da sind.

Aber der Mann geht davon aus, dass sein Einfluss normal und menschlich sei und dass der weibliche Einfluss ausschließlich eine Frage des Geschlechts sei; Wenn also Frauen Jungen unterrichten, werden die Jungen „verweichlicht" – ein schwerer Sündenfall. Wenn Männer Mädchen unterrichten, werden die Mädchen dann ———? Auch hier fehlt uns das Analoge. Der androzentrische Geist ist noch nie auf die Idee gekommen, sich so etwas als zu männlich vorzustellen. Es gibt kein solches Wort! Es ist seltsam zu bemerken, dass die Frau unabhängig von ihrer Stellung diesen erniedrigenden Einfluss ausüben soll; wenn sie die Lehrerin ist, verweichlicht sie ihre Schüler; Wenn sie die Schülerin ist, verweichlicht sie ihre Lehrer.

Lassen Sie uns nun, wenn auch nur für einen Moment, von der androzentrischen Geisteshaltung loskommen.

Was das Geschlecht angeht, ist das Weibchen wichtiger. Ihr Anteil an den Prozessen, denen die Geschlechterunterscheidung dient, ist bei weitem größer. Weiblich zu sein – wenn man nichts anderes wäre – ist ein weitaus umfassenderes und würdigeres Amt als männlich zu sein – und nichts anderes.

Aber was die Menschlichkeit betrifft, ist das Männchen unserer Spezies dem Weibchen derzeit weit voraus. Durch diese überlegene Menschlichkeit, sein Wissen, seine Fähigkeiten, seine Erfahrung, seine Organisation und Spezialisierung erschafft und verwaltet er die Welt. Das alles ist menschlich, nicht männlich. All dies steht der Frau von Natur aus ebenso offen wie dem Mann, wurde ihr jedoch in unserer androzentrischen Kultur verwehrt.

Aber selbst wenn sie in einem rein menschlichen Prozess wie der Bildung ihre besonderen weiblichen Eigenschaften zum Tragen bringt, was sind das und was sind die Ergebnisse?

Wir können sehen, dass der männliche Einfluss überall immer noch dominant und überlegen ist. Es gibt den ersten Ansporn, das Verlangen, die Grundlage des Belohnungssystems, den Anreiz des Eigennutzes, die Einstellung, die besagt: „Warum sollte ich mich anstrengen, wenn es mir nicht Freude bereitet?" mit der damit einhergehenden Faulheit und der mangelnden Bereitschaft, ohne Bezahlung zu arbeiten. Es gibt den zweiten Antrieb, den Kampf, das Wettbewerbssystem, das einander gegeneinander antritt und Freude daran hat, nicht zu lernen, nicht den Geist zu trainieren, sondern seinen Mitmenschen einen Schritt voraus zu sein. Unter diesen beiden völlig männlichen Einflüssen haben wir den Bildungsprozess für die wenigen, denen es gelingt, zu einer Freude gemacht und für alle anderen zu einer ermüdenden Anstrengung, die mit Misserfolgen und Schmähungen verbunden ist. Das mag im Sex-Wettbewerb eine gute Methode sein, ist aber in der Erziehung völlig fehl am Platz und schädlich. Seine Verbreitung zeigt die schädliche Maskulisierung dieses edlen sozialen Prozesses.

Worauf könnten wir bei einem deutlich weiblichen Einfluss achten? Was sind diese gefürchteten weiblichen Eigenschaften?

Die mütterlichen natürlich. Die Geschlechtsinstinkte des Mannes sind vorläufiger Natur und führen lediglich zu einer Verbindung, die der Elternschaft vorausgeht. Die Sexualinstinkte der Frau decken ein weitaus größeres Feld ab und widmen sich am meisten der dauerhaften Liebe, dem unaufhörlichen Dienst, dem Einfallsreichtum und dem Mut einer effizienten Mutterschaft. Bildung zu feminisieren würde bedeuten, sie mütterlicher zu machen . Die Mutter erzieht ihre Kinder nicht nach einem System ersehnter und angestrebter Preise; Sie lässt sie auch nicht miteinander konkurrieren und gibt dem siegreichen Kind, was es braucht, und dem Besiegten Schuld und Entbehrung. Das wäre „unweiblich".

Die Mutterschaft tut alles, was sie kann, um jedem Kind das zu geben, was es am meisten braucht, um alle in ihrer vollen Leistungsfähigkeit zu unterrichten und sie liebevoll und effizient als Ganzes zu entwickeln.

Aber das ist nicht das, was diejenigen meinen, die den Einfluss von Frauen so sehr fürchten. Gewöhnt an einen rein männlichen Lebensstandard, an männliche Ideale, Tugenden, Methoden und Bedingungen, sagen sie – und das mit einiger Berechtigung –, dass weibliche Methoden und Ideale das zerstören würden, was sie „Männlichkeit" nennen. Beispielsweise ist Bildung heute eng mit Spielen und Sportarten verwoben, die allesamt einen übermäßig maskulinen Charakter haben. „Die Erziehung eines Jungen findet größtenteils auf dem Spielplatz statt!" sagen die Gegner von Lehrerinnen. Frauen können sich ihnen dort nicht anschließen; Daher können sie sie nicht erziehen.

Was sind das für Spiele, an denen Frauen nicht teilnehmen können? Es gibt natürlich Formen des Kampfes, gewalttätige und heftige, moderne Modifikationen des Instinkts des Sexkampfes. Es ist ganz richtig, dass Frauen weder an Baseball, Football noch andere gewalttätige Spiele gewöhnt sind oder dazu neigen . Sie sind vollkommen in der Lage, an allen normalen sportlichen Entwicklungen teilzunehmen, die menschliche Bandbreite an Beweglichkeit und Können steht ihnen offen, wie jeder weiß, der im Zirkus war; aber sie sind nicht für den physischen Kampf gebaut; Auch das Werfen, Schlagen oder Treten von Dingen bereitet ihnen keine endlose Freude.

Aber stimmt es, dass diese anstrengenden Spiele den pädagogischen Wert haben, der ihnen zugeschrieben wird? Es scheint eine Blasphemie zu sein, das in Frage zu stellen. Die ganze Bandbreite männlicher Lehrer, männlicher Schüler, männlicher Kritiker und Zuschauer ist lautstark in ihrer Bewunderung für die „Männlichkeit" zum Ausdruck, die beispielsweise durch das Geschick, den Mut, die koordinative Kraft und den allgemeinen „Sportgeist" entwickelt wird, der durch das Fußballspiel entwickelt wird ; Dass ein paar junge Männer getötet und viele verstümmelt werden, ist nichts im Vergleich zu diesen Vorteilen.

Sehen wir uns die dreifache Unterscheidung an, auf der diese ganze Studie beruht: zwischen männlich, weiblich und menschlich. Gewähren Sie, dass die Frau, da sie weiblich ist, den Mann in seiner Männlichkeit nicht nachahmen kann – und dies auch nicht will. Gewähren Sie, dass sowohl die männlichen als auch die weiblichen Eigenschaften ihren Nutzen und Wert haben. Es bleiben immer noch die menschlichen Qualitäten bestehen, die beiden gemeinsam sind, die keinem von beiden zu eigen sind und die von allen am wichtigsten sind. Bildung ist ein menschlicher Prozess und sollte menschliche Qualitäten entwickeln – nicht sexuelle Qualitäten. Sicherlich sind unsere Jungen ausreichend männlich, ohne dass eine besondere Ausbildung nötig wäre, um sie noch männlicher zu machen.

Hier liegt der Fehler. Eine streng männliche Welt, die stolz auf ihr eigenes Geschlecht ist und das andere verachtet, in der Welt nichts außer Sex sieht, sei es männlich oder weiblich, hat das stetige und schnelle Wachstum der Menschheit „mit Besorgnis beobachtet". Hier ist zum Beispiel ein Junge zu sehen, der sichtlich dazu tendiert, ein Künstler, ein Musiker, ein wissenschaftlicher Entdecker zu sein. Hier ist ein anderer Junge, der auf keinem Gebiet besonders klug ist und auch keinen Ehrgeiz für eine besondere Aufgabe hat, obwohl er im Allgemeinen „Erfolg" meint; Er ist jedoch ein großer, stämmiger Kerl, ein guter Kämpfer, boshaft wie ein Affe und stark in den Tugenden, die das Wort „Sportlichkeit" umfasst. Wir nennen diesen Jungen „einen feinen, männlichen Kerl".

Wir haben völlig recht. Er ist. Er ist eindeutig und übermäßig männlich, auf Kosten seiner Menschlichkeit. Er könnte ein mächtigerer Vater sein als der andere, obwohl nicht einmal das sicher ist; Vielleicht und wahrscheinlich wird er das übermäßig weibliche Mädchen, das noch weniger menschlich ist als er, stärker ansprechen; aber er ist deshalb kein besserer Bürger.

Der Fortschritt der Zivilisation erfordert menschliche Qualitäten, sowohl bei Männern als auch bei Frauen. Unser Bildungssystem wird nicht, wie Prof. Wendell und sein Leben uns glauben machen wollen, durch „Feminisierung", sondern durch eine übertriebene Maskulisierung ausgebremst und behindert
.

Ihre Position ist einfach. „Wir sind Männer. Männer sind Menschen. Frauen sind nur Frauen. Dies ist eine Männerwelt. Um darin voranzukommen, muss man es auf Männerart tun – das heißt, man muss kämpfen und die anderen besiegen. Da wir zum Teil zivilisiert sind, sind wir es auch." Wir müssen eine Art „zivilisierte Kriegsführung" arrangieren und lernen, dieses Spiel zu spielen, das alte rohe, wilde Männerkampfspiel, und wir müssen unsere Jungen dazu erziehen." Kein Wunder, dass Frauen Bildung verweigert wurde. Kein Wunder, dass ihr Einfluss in einer ultramaskulinen Kultur gefürchtet ist.

Es wird das System mit der Zeit verändern. Es wird nach und nach den weiblichen Eigenschaften, die so lange herabgesetzt und verspottet wurden, einen gleichberechtigten Platz im Leben verschaffen und der menschlichen Kraft höchste Würde verleihen.

Körperkultur, sowohl für Jungen als auch für Mädchen, wird Teil eines solchen veränderten Systems sein. Alles, was beide gemeinsam tun können, wird als menschlich akzeptiert; Aber was entweder Jungen oder Mädchen sich zurückziehen müssen, um zu praktizieren, wird offen gesagt als männlich und weiblich bezeichnet und bei Kindern nicht gefördert.

Die wichtigsten Eigenschaften sind die menschlichen und werden so benannt und gewürdigt. Mut ist eine menschliche Eigenschaft, keine sexuelle Eigenschaft. Was bei männlichen Tieren gemeinhin als Mut bezeichnet wird, ist bloße Kampflust, der Kampfinstinkt. Einem Gegner seinesgleichen zu begegnen, ist eine universelle männliche Eigenschaft; Zwei Katzenväter bekämpfen sich vielleicht erbittert, aber beide rennen vor einem Hund genauso schnell davon wie eine Mutterkatze. Sie hat jedoch genug Mut, ihre Kätzchen zu verteidigen .

Was diese Welt heute am meisten an Männern und Frauen braucht, ist die Fähigkeit, unsere öffentlichen Verhältnisse zu erkennen; um die relative Bedeutung von Maßnahmen zu erkennen; die Prozesse einer konstruktiven Staatsbürgerschaft zu erlernen. Wir brauchen eine Ausbildung, die die Fakten in der Reihenfolge ihrer Wichtigkeit wiedergibt; Moral und Umgangsformen basieren auf diesen Tatsachen; und schulen unsere persönlichen Kräfte durch sorgfältige Auswahl, damit jeder der Gemeinschaft bestmöglich dienen kann.

Gegenwärtig liegt in den größeren Prozessen der außerschulischen Bildung der Vorteil immer noch beim Jungen. Von Kindesbeinen an begehen wir den groben Fehler, bei unseren Kindern die Sexualität zu betonen, durch Kleidung und all ihre Einschränkungen, durch spezielle Lehren darüber, was „damenhaft" und „männlich" ist. Dem Jungen wird eine Erfahrungsfreiheit zugestanden, die weit über die des Mädchens hinausgeht. Er lernt mehr über seine Stadt und seine Stadt, mehr über Maschinen, mehr über das Leben und gibt die Wahrheiten und Traditionen der Geschlechterüberlegenheit vom Vater an den Sohn weiter.

All dies verändert sich vor unseren Augen mit der fortschreitenden Menschlichkeit der Frauen. Allerdings hat ihr Fortschritt die Grundlage aller Bildung noch nicht in nennenswertem Maße beeinträchtigt; die Erfahrung der ersten Lebensjahre eines Kindes. Hier haben die Einschränkungen der Frauen den Rennfortschritt am gründlichsten behindert. Hier wurde der erbliche Einfluss ständig durch den Vormarsch des Mannes ausgeglichen. Die soziale Selektion entwickelte tatsächlich höhere Männertypen, obwohl die umgekehrte Geschlechtsselektion immer noch auf primitiven Frauentypen bestand. Aber der erzieherische Einfluss dieser primitiven

Frauen, der sich ausschließlich auf die empfänglichsten Lebensjahre auswirkte, war ein ernsthaftes Hindernis für den Rassenfortschritt.

Hier ist das dominierende Männchen, weitgehend vermenschlicht, misst das Leben jedoch immer noch an männlichen Maßstäben. Er sieht Frauen nur als Geschlecht. (Beachten Sie hier die Kritik der Europäer an amerikanischen Frauen. „Eure Frauen sind so geschlechtslos!", sagen sie, was lediglich bedeutet, dass unsere Frauen sowohl menschliche als auch weibliche Qualitäten haben.) Und Kinder betrachtet er als Teil derselben Domäne, beides minderwertige Klassen, „Frauen und Kinder".

Ich erinnere mich an Rimmers wunderschöne Rötelstudien, bestimmte Profile von Mann, Frau und Kind und sorgfältige Erklärungen, dass die Proportionen von Gesicht und Kopf der Frau weitaus eher denen des Kindes als denen des Mannes ähnelten. Was Mr. Rimmer hätte zeigen sollen und durch ausführliche Illustration hätte zeigen können, war, dass sich die Gesichter von Jungen und Mädchen nur geringfügig unterscheiden, und dass sich die Gesichter alter Männer und Frauen ebenso wenig, manchmal überhaupt nicht, unterscheiden; während das Gesicht der Frau dem Menschen näher kommt als das des Mannes; während das Kind, das eher die Rasse als das Geschlecht repräsentiert, ihr von Natur aus ähnlicher ist als ihm. Das Männchen behält primitivere Eigenschaften, die Behaarung, den kampflustigeren Kiefer; das Weibchen steht den höheren Menschentypen näher.

Eine ultra-männliche Auswahl hat Frauen in erster Linie aufgrund ihrer Weiblichkeit und dann aufgrund der Qualitäten der Unterwürfigkeit und des geduldigen Dienstes ausgewählt, die durch langjährige Unterwürfigkeit entstanden sind.

Diese unterwürfige Weiblichkeit oder der faule und übertrieben weibliche Typ hat die wahre Macht und Stellung der Mutter nie erkannt und war nie in der Lage, ein würdiges Erziehungssystem für kleine Kinder zu begreifen oder umzusetzen. Jeder erfahrene Lehrer, ob Mann oder Frau, wird zugeben, wie selten es ist, eine Mutter zu finden, die zu einer leidenschaftslosen Wertschätzung für erzieherische Werte fähig ist. Bücher zur Säuglingserziehung und Kinderkultur werden im Allgemeinen häufiger von Lehrern als von Müttern gelesen, wie unsere öffentlichen Bibliotheken beweisen. Der Mutterinstinkt, der bei Tieren durchaus geeignet und ausreichend ist, ist den Anforderungen des zivilisierten Lebens keineswegs gewachsen. Tierische Mutterschaft verleiht jeder neuen Geburt eine neue Welle der Hingabe; Die primitive menschliche Mutterschaft erstreckt diese leidenschaftliche Zärtlichkeit über einen längeren Zeitraum auf die wachsende Familie. aber keine von beiden kann die Bildung über ihre Grundlagen hinaus vorantreiben.

Wir sind so an unsere altbewährte Methode gewöhnt, die ersten Lebensjahre des Kindes dem Handeln eines ungebildeten, ungezügelten Mutterinstinkts anzuvertrauen, dass Vorschläge für eine bessere Erziehung von Babys mit dem offenen Spott der massenhaften Unwissenheit aufgenommen werden.

Diese kraftvolle und brillante Schriftstellerin, Frau Josephine Daskam Bacon, hat neben anderen ihre geschickte Feder zur Verfügung gestellt, um das allmähliche Erwachen der menschlichen Intelligenz bei Müttern lächerlich zu machen und zu behindern, die Erkenntnis, dass Babys keine Ausnahme vom Rest von uns bilden, wenn es ihnen besser geht, wenn sie kompetent sind Betreuung und Service. Diesen Reaktionären erscheint es wunderbar absurd, dass Zeitalter des menschlichen Fortschritts für Babys von Nutzen sein sollten, außer dass ihre menschlicheren Väter, spezialisiert und organisiert, in der Lage sind, ihnen ein besseres Zuhause und eine bessere Welt zum Aufwachsen zu bieten Die Idee, dass Mütter, die menschlicher sind, sich ebenfalls spezialisieren und organisieren und ihren Babys diese überragenden Vorteile bieten sollten, wird zum Gespött gemacht.

Es ist einfach und gewinnbringend, mit der Mehrheit zu lachen; Aber im Urteil der Geschichte nehmen diejenigen, die dies tun, eine nicht beneidenswerte Position ein. Es kommt die Zeit, in der die menschliche Mutter die erzieherischen Möglichkeiten der frühen Kindheit erkennt, lernt, dass die Fähigkeit, kleine Kinder richtig zu unterrichten, selten und wertvoll ist, und stolz und froh sein wird, davon Gebrauch zu machen.

Wir werden dann eine Entwicklung der wertvollsten menschlichen Eigenschaften im Geiste unserer Kinder erleben, die heute völlig utopisch erscheinen würde. Wir werden aus umfassender und langjähriger Erfahrung lernen, die Schritte des sich entfaltenden Geistes zu antizipieren und für sie zu sorgen und ihn durch sorgfältig vorbereitete Erfahrungen zu einer Urteilskraft, Selbstbeherrschung und sozialen Wahrnehmung zu trainieren, die heute völlig undenkbar ist.

Eine solche Ausbildung würde bei der Geburt beginnen; ja, weit davor, in den Maßstäben einer bewussten menschlichen Mutterschaft. Es würde einen ganz anderen Status der Ehefrau, Weiblichkeit und Mädchenschaft erfordern. Es wäre völlig unmöglich, wenn wir nie über unsere androzentrische Kultur hinauswachsen würden.

IX. „GESELLSCHAFT" UND „MODE"

Zu unseren vielen naiven Irrglauben gehört der aktuelle Trugschluss, dass „die Gesellschaft" von Frauen gemacht wird; und dass Frauen für diese besondere soziale Erscheinung namens „Mode" verantwortlich sind.

Männer und Frauen akzeptieren diese Vorstellung gleichermaßen; Der ernsthafte Essayist und Philosoph sowie der Romancier und Paragraf spiegeln dies auf ihren Seiten wider. Die Trägheitskraft wirkt sowohl im Bereich der Hellseher als auch der Physik; Jede Idee, die mit beträchtlicher Kraft in das öffentliche Bewusstsein gedrängt wird, wird so lange weitergehen, bis eine Gegenkraft – oder der langsame Widerstand der Reibung – sie schließlich aufhält.

Die „Gesellschaft" besteht überwiegend aus Frauen. Die meisten Prozesse werden von Frauen durchgeführt, daher sind Frauen die Macherinnen und Meisterinnen, sie sind dafür verantwortlich, so die allgemeine Überzeugung.

Wir könnten genauso gut Frauen für Harems verantwortlich machen – oder Gefangene für Gefängnisse. Sich hilflos an einen bestimmten Ort oder Zustand zu binden, beweist nicht, dass man ihn gewählt hat; geschweige denn geschafft.

NEIN; In einer androzentrischen Kultur wird die „Gesellschaft" wie jede andere soziale Beziehung vom Mann dominiert und zu seinen Gunsten organisiert. Es gibt natürlich Veränderungen aufgrund der Anwesenheit des anderen Geschlechts; Wo es mehr Frauen als Männer gibt, sind die Folgen ihres Einflusses unvermeidlich. aber der Charakter und die Bedingungen der gesamten Aufführung werden von Männern diktiert.

Der soziale Verkehr ist die Grundvoraussetzung des menschlichen Lebens. Sich zu treffen, sich auszutauschen, einander kennenzulernen, sich auszutauschen, nicht nur konkrete Ideen, Fakten und Gefühle, sondern auch den vagen allgemeinen Reiz und die erweiterte Kraft zu erfahren, die durch den Kontakt entstehen – all das ist für unser Glück ebenso wichtig wie für das Glück unser Fortschritt.

Dieses große Desiderat wurde immer so weit wie möglich von Männern monopolisiert. Welcher Geschlechtsverkehr Frauen erlaubt war, wurde durch von Menschen geschaffene Konventionen streng eingeschränkt. Frauen akzeptieren diese Konventionen, wiederholen sie, zwingen sie ihren Töchtern auf; aber sie stammen von Männern.

Die Füße des kleinen chinesischen Mädchens werden von ihrer Mutter und ihrer Amme gefesselt – aber diese lähmende Folter wurde nicht zum Vergnügen der Frau erfunden. Der orientalische Schleier wird von Frauen getragen, aber der Schleier wurde ihnen nicht aus irgendeinem Grund verordnet.

Form betrachten, stellen wir fest, dass das Gasthaus schon immer bei uns war. Es ist fast so alt wie das Privathaus; Das Bedürfnis nach Gemeinschaft ist ebenso menschlich wie das Bedürfnis nach Privatsphäre. Aber das Gasthaus war und ist nur für Männer. Die Frau wurde so weit wie möglich zu Hause gehalten. Ihre weibliche Natur sollte ihr Leben zufriedenstellend abgrenzen, ihre menschliche Statur wurde völlig ignoriert.

Unter dem Druck dieser menschlichen Natur hat sie immer gegen die gesellschaftlichen Zwänge, die sie umgaben, rebelliert; und von den Frauen älterer Länder, die sich am Brunnen oder auf dem Marktplatz versammelten, bis hin zu unseren eigenen Frauen auf den Stufen der Kirche oder im Nähkreis, sie haben unaufhörlich um den gesellschaftlichen Verkehr gekämpft, der ebenso ein Gesetz ihres Wesens war wie des Menschen.

Wenn wir zu dem modernen Spezialgebiet kommen, das wir „Gesellschaft" nennen, stellen wir fest, dass es aus einer sorgfältig arrangierten Reihe von Prozessen und Orten besteht, an denen Frauen einander und Männer treffen können. Diese variieren natürlich je nach Rasse, Land, Klasse und Zeit; von der reinen Lizenz unserer westlichen Bräuche bis zur strengen Aufsicht älterer Länder; aber frei wie es in Amerika ist, auch hier gibt es Grenzen.

Männer verbinden sich ohne Grenzen außer der Neigung und der finanziellen Leistungsfähigkeit. Sogar Klassenunterschiede funktionieren nur in einer Richtung – der Mann aus der unteren Klasse darf sich nicht unter die Frauen aus der oberen Klasse mischen; aber der Mann aus der Oberschicht darf – und tut es auch – mit Frauen aus der Unterschicht verkehren. Es ist seine Gesellschaft – darf ein Mann nicht mit seiner eigenen Gesellschaft machen, was er will?

Kastenunterschiede sind, wie Prof. Lester F. Ward geschickt gezeigt hat, Relikte von Rassenunterschieden; die untergeordnete Kaste war einst eine untergeordnete Rasse; und während die Paarung nach oben hin der unterworfenen Rasse immer verboten war; Die Paarung nach unten wurde von der Herrenrasse immer praktiziert.

Die aufwändige Schattierung der „Farblinie" in der Zeit der Sklaverei, von reinem Schwarz über Mulatto, Quadroon, Octoroon, Quinteroon , Griffada , Mustafee , Mustee und Sang d'or – bis hin zu Weiß; geschah nicht durch weiße Mütter, sondern durch weiße Väter; nie zu exklusiv in ihrem Geschmack. Selbst in der Sklaverei waren die schlimmsten Schrecken streng androzentrisch.

Die „Gesellschaft" wird streng bewacht – das heißt ihre Frauen. Wie immer liegt das Haupttabu bei der Frau. Betrachten Sie sorgfältig die Beziehung zwischen der „Gesellschaft" und dem heranwachsenden Mädchen. Sie muss natürlich heiraten; und ihre Bildung, ihre Manieren und ihr Charakter müssen natürlich dem potenziellen Bewerber gefallen. Was bei jungen Mädchen wünschenswert ist, bedeutet natürlich auch, was bei Männern wünschenswert ist. Von allen kultivierten Errungenschaften ist die „Unschuld" die erste. Schönheit kann vorhanden sein oder auch nicht; aber „Unschuld" sei „der größte Reiz der Mädchenzeit".

Warum? Was nützt es *ihr?* Der Erfolg ihres ganzen Lebens hängt von ihrer Heirat ab; Ihre Gesundheit und ihr Glück hängen davon ab, dass sie den richtigen Mann heiratet. Je „unschuldiger" sie ist, je weniger sie weiß, desto einfacher ist es für den falschen Mann, sie zu kriegen.

Wie es in „The Sorrows of Amelia" so gefühlvoll beschrieben wird, in „The Ladies' Literary Cabinet", einer Zeitschrift meiner Großmutter; „Die einzige Schwäche, die die zarte Amelia besaß, war ein ahnungsloser Mut zu überschwänglicher Wertschätzung. Da sie mit den geheimen Schurken einer niederträchtigen, degenerierten Welt nicht vertraut war, stellte sie sich immer vor, dass die gesamte Menschheit genauso makellos sei wie sie selbst. Wehe für Amelia! Diese verhängnisvolle Leichtgläubigkeit war die Quelle." von all ihrem Unglück. Es war. Es ist noch.

Betrachten Sie die Fakten einfach mit neuen Augen – betrachten Sie sie, als hätten Sie die „Gesellschaft" noch nie zuvor gesehen; und beobachten Sie die Position seiner „Königin".

Hier ist Frau. Geben wir zu, dass Mutterschaft ihr Hauptzweck ist. (Als Frau ist es das. Als Mensch hat sie andere!) Die Ehe ist unsere Art, die Mutterschaft zu schützen; der Gewährleistung von „Unterstützung" und „Schutz" für Frau und Kinder.

„Gesellschaft" wird vor allem als Mittel genutzt, um junge Menschen zusammenzubringen und die Ehe zu fördern. Wenn die „Gesellschaft" von Frauen geschaffen und regiert wird, sollten wir natürlich auf Einschränkungen und Ermutigungen achten, die eine erfolgreiche Mutterschaft in den Vordergrund stellen und Frauen – und ihre Kinder – vor den Übeln einer schlecht regulierten Vaterschaft schützen.

Finden wir das? Auf keinen Fall.

Die „Gesellschaft" gewährt dem Mann alle Freiheiten – alle Privilegien – alle Freiheiten. Es gibt bestimmte Straftaten, die ihn ausschließen würden; wie etwa die Nichtzahlung von Spielschulden oder die Armut; aber Verstöße gegen die Weiblichkeit – gegen die Mutterschaft – schließen ihn nicht aus.

Wie wäre es umgekehrt?

Wenn die „Gesellschaft" von Frauen für Frauen geschaffen wird, wird ein Fehltritt eines hilflos „unschuldigen" Mädchens ihrem Ansehen sicherlich nicht schaden!

Aber es tut. Sie ist nicht mehr „unschuldig". Sie weiß es jetzt. Sie hat ihren Marktwert verloren und wird aus dem Laden geworfen. Warum nicht? Es ist sein Laden – nicht ihrer. Was Frauen sein dürfen und was nicht, was sie tun dürfen und was nicht, alles wird am männlichen Standard gemessen.

Eine wirklich weibliche „Gesellschaft", die auf den Bedürfnissen und Freuden der Frauen basiert, sowohl als Frauen als auch als Menschen, würde ihnen in erster Linie Freiheit und Wissen gewähren; das Wissen, das Macht ist. Es würde uns nicht die „Königin des Ballsaals" in der Position eines Mauerblümchens zeigen, es sei denn, es würde durch eine männliche Einladung begünstigt; kann nicht essen, es sei denn, er bringt ihr etwas; nicht in der Lage, ohne seinen Arm den Boden zu überqueren. Von allen blinden, verdummten „königlichen Faulpelzen" ist sie der Archetyp. Nein, eine feminine Gesellschaft würde den Frauen in ihrem sogenannten Spezialgebiet *zumindest die Gleichberechtigung zugestehen.*

Seine Haltung gegenüber Männern wäre jedoch streng kritisch.

Stellen Sie sich eine echte Mrs. Grundy vor (bisher war es ein Mr., dessen Schnurrbart in Mützenbändern versteckt war), der sagt: „Nein, nein, junger Mann. Das wirst du nicht tun. Du hast getrunken. Die Gewohnheit wächst bei dir." . Du wirst ein schlechter Ehemann sein."

Oder noch strenger: „Heraus mit Ihnen, mein Herr! Sie haben Ihr Recht auf Heirat verwirkt! Gehen Sie für sieben Jahre in den Ruhestand, und wenn Sie zurückkommen, bringen Sie ein ärztliches Attest mit."

Das klingt lächerlich, nicht wahr – für die „Gesellschaft", das zu sagen? Es ist lächerlich, in der „Gesellschaft" eines Mannes.

Die erforderliche Kleidung und Dekoration der „Gesellschaft"; Das ewige Essen und Trinken der „Gesellschaft", die bevorzugten Vergnügungen der „Gesellschaft", die absoluten Anforderungen und absoluten Ausschlüsse der „Gesellschaft" sind von Männern, von Männern, für Männer – um ein abgenutztes Zitat zu paraphrasieren . Und dann wenden sie sich nach all dem riesigen Gebäude männlichen Einflusses gegen Frauen, wie Adam es tat; und beschuldige *sie* für die Strenge gegenüber ihren gefallenen Schwestern! „Frauen sind so hart zu Frauen!"

Sie müssen. Welcher Mann würde seiner Frau und seinen Töchtern „erlauben", „die Gefallenen" zu besuchen und mit ihnen Umgang zu pflegen? Seine Wertschätzung würde verloren gehen, sie würden ihre

„gesellschaftliche Stellung" verlieren, die Chance des Mädchens auf eine Heirat wäre dahin.

Männer sind nicht so streng. Sie können die unglücklichen Frauen besuchen, um ihnen Hilfe, Mitgefühl, Wiederaufbau zu bringen – oder aus anderen Gründen; und es verliert nicht ihre soziale Stellung. Warum sollte es? Sie machen die Verordnung.

Frauen sind heute weitaus auffälliger als Männer die Vertreterinnen und Opfer dieser geheimnisvollen Macht, die wir „Mode" nennen. Wie sich in der bloßen hilflosen Nachahmung der Ideen, Bräuche und Methoden des anderen zeigt, gibt es keinen großen Unterschied; in geduldiger Zustimmung zu vorgeschriebenen Modellen von Architektur, Möbeln, Literatur oder irgendetwas anderem; es gibt keinen großen Unterschied; aber in der persönlichen Dekoration gibt es einen höchst auffälligen Unterschied. Heutzutage unterwerfen sich Frauen einer groteskeren Hässlichkeit und Absurdität als Männer; Und es gibt viele gute Gründe dafür. Beschränken wir unser kurzes Studium der Mode auf die Mode in der Kleidung und schauen wir uns an, warum Frauen überhaupt diese schöne Kleidung tragen. und warum sie sie so verändern, wie sie es tun.

Erstens, und ganz klar, trägt die menschliche Frau allein aufgrund ihrer wirtschaftlichen Abhängigkeit vom Mann die Last der sexuellen Dekoration. Sie allein in ihrer Natur trägt zu den Belastungen der Mutterschaft, für die sie bestimmt war, diese unnatürliche Belastung des Schmucks bei, für die sie nicht bestimmt war. Jedes zweite Weibchen auf der Welt ist für das Männchen ohne jeglichen Schnickschnack ausreichend attraktiv. Er trägt die Garnituren und scheut keine Kosten für das Ausbreiten von Geweihen oder Schleppen von Federn; keine Monstrosität aus Wappen und Flechten, um ihre Gunst zu gewinnen.

Sie interessiert sich nur vorübergehend für ihn. Den Rest der Zeit verdient sie ihren Lebensunterhalt selbst und kümmert sich um ihre eigenen Jungen. Aber unsere Frauen bekommen ihr Brot von ihren Männern und alle anderen sozialen Bedürfnisse. Die Frau ist in Bezug auf ihre Stellung im Leben und ihre Lebensbedürfnisse auf den Mann angewiesen. Für sich und ihre Kinder muss sie den gewinnen und halten, der die Quelle aller Vorräte ist. Deshalb ist sie gezwungen, zu ihren eigenen natürlichen Reizen diesen „Tanz der sieben Schleier", der siebzehn Gewänder, der siebenundsiebzig Hüte des fröhlichen Deliriums hinzuzufügen.

Es gibt viele, die in einer Silbe denken und sagen: „Frauen kleiden sich nicht, um Männern zu gefallen – sie kleiden sich, um sich selbst zu gefallen – und um andere Frauen in den Schatten zu stellen." Dazu würde ich einen Besuch in einem Sommerurlaubsort an der Küste während der Woche und über den Samstagabend hinaus empfehlen. Die Frauen haben die ganze

Woche Zeit, sich selbst zu befriedigen und sich gegenseitig zu übertreffen; aber ihr Aufmarsch am Samstag scheint das Herannahen einer neuen Kraft oder Anziehung anzudeuten.

Wenn das alles nicht zufriedenstellend ist, möchte ich sie auf die bekannte Tatsache aufmerksam machen, dass das junge Mädchen vor der Heirat viel mehr Zeit und Einfallsreichtum in die Dekoration investiert als danach. Dies wurde von denjenigen, die Ratschläge für Ehefrauen schreiben, schon lange beobachtet und missbilligt, mit der Begründung, dass dieser Unterschied dem Ehemann missfällt – dass sie ihren Einfluss auf ihn verliert; was wahr ist. Aber da seine eigene „Gesellschaft", die seine Schwäche kannte, ihn per Gesetz an sie gebunden hat; Warum sollte sie diese schließlich unnatürliche Anstrengung aufrechterhalten?

Das ausgezeichnete Magazin „Good Housekeeping" bringt seit einigen Monaten eine gereimte und illustrierte Geschichte über „Miss Melissa Clarissa McRae", eine äußerst zierliche und gut gekleidete Stenographin, die einen anspruchsvollen jungen Mann, ihren Arbeitgeber, mit Gewalt gefangen nahm und heiratete von ihren künstlichen Reizen – und dann nach der Heirat seine Liebe durch eine plötzliche, unerklärliche Schlamperei verlor – die gleiche alte Geschichte.

Wenn dies nicht ausreicht, möchte ich die Haltung der Klasse von Frauen gegenüber „Mode" näher erläutern, die am offensten und direktsten von der Gunst der Männer lebt. Diese kennen ihr Geschäft. Um ständig die vagabundierende Fantasie des Mannes, der in der Natur geborenen „Variante", anzulocken, müssen sie nicht nur künstliche Reize anhäufen, sondern diese ständig verändern. Tun sie. Von den Führern dieses Berufsstandes kommt ein stetiger Strom wechselnder Moden; je extremer und skurriler, desto erfolgreicher – und weil sie erfolgreich sind , werden sie nachgeahmt.

Wenn Männer Veränderungen in der Mode nicht mochten, können Sie sicher sein, dass diese professionellen Männerliebhaber sie nicht ändern würden, aber da Nature's Variant jedes Gesicht zugunsten eines neuen aufgibt, ist die Dame, die ihre Herrschaft behalten würde und ihr Gesicht nicht ändern kann (außer in Farbe) muss unbedingt ihren Hut und ihr Kleid wechseln.

diesen erstaunlichen Strom von Moden nicht nur durch Wahl fordert, sondern als Unternehmen herstellt und liefert; wieder so, wie Adam die Frau dafür verantwortlich macht, dass sie akzeptiert, was er sowohl verlangt als auch liefert.

Ein weiterer Beweis, falls mehr nötig wäre, wird hier gezeigt; dass Frauen in dem Maße, in dem sie unabhängiger, gebildeter, weiser und freier werden, immer weniger unterwürfig gegenüber der von Männern gemachten Mode werden. Wurde diese Verbesserung mit Sympathie und Bewunderung begrüßt – gekrönt von männlicher Gunst?

Die Haltung der Männer gegenüber jenen Frauen, die bisher den Anspruch erhoben haben, sich „unsexuell" zu machen, ist allen bekannt. Sie mögen es, wenn Frauen dumm, wandelbar und immer wieder neu attraktiv sind; Und auch wenn Frauen ihren Lebensunterhalt mit „Anziehen" verdienen müssen – warum sie das tun, das ist alles.

Es ist Schade. Für jede weitsichtige Frau ist es demütigend, diesen eklatanten Beweis für die abhängige, erniedrigte Stellung ihres Geschlechts anerkennen zu müssen; und es sollte für die Menschen demütigend sein, die Ergebnisse ihrer Meisterschaft zu sehen. Diese verrückt dekorierten kleinen Kreaturen repräsentieren nicht die Weiblichkeit.

Wenn der Künstler die Frau als Sinnbild jedes höchsten Ideals verwendet; als Gerechtigkeit, Freiheit, Nächstenliebe, Wahrheit – er stellt sie nicht beschnitten dar. In jedem Teil der Welt, in dem Frauen auch nur teilweise wirtschaftlich unabhängig sind, gibt es weniger Absurditäten der Mode. Frauen, die arbeiten, können nicht völlig absurd sein.

Aber die müßige Frau, die Königin der Gesellschaft, die den Männern innerhalb ihrer vorgeschriebenen Grenzen gefallen muss; und diejenigen der Halbwelt, die ihnen um jeden Preis gefallen müssen – das sind die Vehikel der Mode.

X. RECHT UND REGIERUNG.

Es ist leicht anzunehmen, dass Männer von Natur aus Gesetzgeber und Gesetzeshüter sind, da sie dies schon seit Beginn des Patriarchats sind.

Hinter dem Gesetz stehen Sitte und Tradition. Hinter der Regierung steht die entsprechende Aktivität jeder organisierten Gruppe. Was Gruppeninsekten und Gruppentiere unbewusst entwickeln und durch ihre sozialen Instinkte erfüllen, entwickeln wir bewusst und erfüllen es durch willkürliche Systeme, die Gesetze und Regierungen genannt werden. In diesem wie in allen anderen Bereichen unseres Handelns müssen wir zwischen der Menschlichkeit der sich entwickelnden Funktion und dem Einfluss des Mannes oder der Frau auf sie unterscheiden. Ganz abgesehen davon, was sie als Geschlechter mögen oder nicht mögen, aufgrund ihrer unterschiedlichen Geschmäcker und Fähigkeiten, liegt das viel größere Feld des menschlichen Fortschritts, an dem sie gleichermaßen teilhaben.

Auf dieser Ebene verläuft die Entwicklung von Recht und Regierung etwa wie folgt: Die frühe, auf Frauen ausgerichtete Gruppe organisierte sich nach mütterlichen Grundsätzen der gemeinsamen Liebe und des gemeinsamen Dienstes. Bei den frühen Zusammenschlüssen von Menschen handelte es sich zunächst um eine organisierte Raubtierjagd; dann eine gruppierte Kriegsführung, eine organisierte Kriegsführung.

Durch besondere Entwicklung sind einige Geister in der Lage, die Notwendigkeit bestimmter Verhaltensweisen gegenüber anderen zu erkennen und dies ihren Mitmenschen klar zu machen; Dabei legt unsere höhere soziale Natur nach und nach Regeln und Präzedenzfälle fest, denen wir uns persönlich unterwerfen. Der Prozess der sozialen Entwicklung ist ein Prozess fortschreitender Koordination.

Von unabhängiger individueller Aktion für individuelle Zwecke bis hin zu voneinander abhängiger sozialer Aktion für soziale Zwecke bewegen wir uns langsam; Der „Teufel" im Stück ist das alte Ego, das mit dem neuen sozialen Geist in Einklang gebracht werden muss. Da dieser gesellschaftliche Prozess, wie alle anderen auch, in männlicher Hand war, können wir darin die gleichen Merkmale einseitiger Spezialisierung finden, die in unseren früheren Studien sichtbar waren.

Die Zwangshaltung ist im Wesentlichen männlich. Im unaufhörlichen, jahrhundertealten Kampf des Sexkampfes entwickelte er den Wunsch zu überwinden, der immer durch Widerstand angeregt wird; und in dieser späteren historischen Periode seiner Vorherrschaft entwickelte er die Gewohnheit der Dominanz und Meisterschaft weiter. Wir können den Kontrast zwischen dem Verhalten eines Mannes veranschaulichen, wenn er

„verliebt" ist und während er umwirbt; In dieser Zeit nimmt er die natürliche Stellung seines Geschlechts gegenüber dem anderen ein, nämlich die eines Freiers. und sein Verhalten, wenn sie mit der Heirat die künstliche Beziehung zwischen männlichem Herrn und unterwürfiger Frau eingehen. Sein „Herrschaftstrieb" setzt sich in der früheren Periode, die eine Million Mal länger war als diese, nicht durch; es erscheint nur in der moderneren und willkürlicheren Beziehung.

Bei anderen Tieren weist die monogame Verbindung keine derartigen widersprüchlichen und unnatürlichen Merkmale auf. So neu diese Gewohnheit auch ist, wenn man sie biologisch betrachtet, ist sie so alt wie die Zivilisation, wenn wir sie historisch betrachten: alt genug, um eine ernstzunehmende Kraft zu sein. Unter seinem Druck sehen wir, wie sich die Rechtssysteme und Regierungsformen langsam weiterentwickeln, wobei das allgemeine menschliche Wachstum immer stark durch den besonderen männlichen Einfluss pervertiert wird. Zuerst finden wir die bloße Macht der Sitte, die uns regiert, die *Sitten* der alten Menschen. Dann kommt das allmähliche Auftreten von Autorität, von der rein natürlichen Führung des besten Jägers oder Kämpfers bis hin zur unnatürlichen Meisterschaft des Patriarchen, der seine Frauen, Kinder, Sklaven und Rinder besitzt und regiert und die Regeln und Vorschriften erlässt, die ihm gefallen.

Unsere Gesetze, wie wir sie jetzt unterstützen, sind langsame, verschwenderische und umständliche Systeme, die eine bestimmte Kaste für die Auslegung und eine andere für die Durchsetzung erfordern. wobei der Durchschnittsbürger nichts vom Gesetz weiß und sich nur darum kümmert, es zu umgehen, wenn er kann, und ihm zu gehorchen, wenn er muss. Im Haushalt, diesem verkrüppelten, verkrüppelten Rudiment des Matriarchats, wo allein wir noch finden können, was vom natürlichen Einfluss der Frau übrig geblieben ist, sind die Gesetze und die Regierung, soweit sie dafür verantwortlich ist, ziemlich einfach und weisen einen sichtbaren Zusammenhang auf auf das Gemeinwohl, dessen Beziehung klar und beharrlich gelehrt wird.

Im größeren Haushalt von Städten und Bundesstaaten wird der pädagogische Teil des Gesetzes stark vernachlässigt. Es berücksichtigt keine Unwissenheit. Wenn jemand ein Gesetz bricht, von dem er noch nie gehört hat, ist er daher nicht entschuldigt; Die Strafe läuft trotzdem weiter. Stellen Sie sich eine Mutter vor, die feierliche Regeln und Vorschriften für ihre Familie aufstellt, den Kindern nichts davon erzählt und sie dann bestraft, wenn sie den unbekannten Gesetzen nicht gehorchen!

Die Anwendung von Gewalt ist für den Mann selbstverständlich; Während er als menschliches Wesen im Interesse der Gemeinschaft gewissermaßen Gesetze erlassen muss, sieht er als männliches Wesen keine

Notwendigkeit für eine andere Durchsetzung als durch Strafe. Sich gewaltsam zu widersetzen, zu kämpfen, zu Boden zu trampeln, mit lautem Gebrüll wilder Freude zu triumphieren – das sind die primitiven männlichen Instinkte; und der vollkommen natürliche soziale Instinkt, der zu friedlicher Überredung, zu Bildung und zu einer leichten Harmonie im Handeln führt, werden verächtlich als „weiblich" oder als „philanthropisch" eingestuft – was fast genauso schlecht ist. „Männer brauchen stärkere Maßnahmen", sagen sie stolz. Ja, aber vier Fünftel der Weltbevölkerung sind Frauen und Kinder!

Tatsächlich ist die Frau, die Mutter, die erste Koordinatorin , Gesetzgeberin , Verwalterin und Exekutive. Von der Bewachung und Führung ihrer Jungen und Kätzchen bis hin zur längeren, größeren Betreuung menschlicher Jugendlicher ist sie die Erste, die Gruppeninteressen berücksichtigt und sie miteinander in Beziehung setzt.

Als Vater entwickelt sich der Mann dazu, an diesen ursprünglichen weiblichen Funktionen teilzuhaben, und da bei uns die Vaterschaft sozialisiert wurde, während die Mutterschaft dies nicht getan hat, tut er allein sein Bestes, um die Mutterarbeit der Welt auf die Art und Weise seines Vaters zu erledigen.

Beim Studium eines seit langem etablierten menschlichen Brauchs ist es sehr schwierig, ihn klar und leidenschaftslos zu erkennen. Unser Geist ist schwer mit Präzedenzfällen, Rassengewohnheiten und der eisernen Last namens Autorität belastet. Diese schweren Kräfte erreichen ihren vollkommensten Ausdruck im absolut männlichen Feld der Kriegsführung. Die absolute Autorität; der hirnlose, stimmlose Gehorsam; die unerbittliche Strafe. Hier haben wir es mit männlichem Zwang auf seinem Höhepunkt zu tun; Gesetz und Regierung völlig willkürlich. Das Ergebnis ist erwartungsgemäß eine hervorragende Zerstörungsmaschine. Aber Zerstörung ist kein menschlicher Prozess – lediglich ein männlicher Prozess zur Beseitigung der Untauglichen.

Der weibliche Prozess besteht darin, die Passform auszuwählen; Ihre Ausscheidung ist negativ und schmerzlos.

Größer als beides ist der menschliche Prozess, *Fitness zu entwickeln.*

Männer sind heutzutage weitaus menschlicher als Frauen. Allein auf ihren selbsternannten Thronen haben sie die Lasten des Staates getragen, so gut sie konnten; und die Geschichte von Recht und Regierung zeigt, dass sie sich langsam, aber unaufhaltsam in Richtung sozialer Verbesserung verändern.

Die alten Könige waren die freudige Apotheose der Männlichkeit. Macht und Stolz gehörten ihnen; Unbegrenzte Anzeige; Grenzenlose Selbstgefälligkeit; Unwiderstehliche Autorität. Sklaven und Höflinge verneigten sich vor ihnen, Untertanen gehorchten ihnen, gefangene Frauen füllten ihre Harems. Aber der Tag der männlichen Monarchie geht vorüber und der Tag der menschlichen Demokratie naht. In einer Demokratie ändern sich sowohl Gesetz als auch Regierung. Gesetze werden dem Volk nicht mehr von jemandem über ihm aufgezwungen, sondern werden vom Volk selbst entwickelt. Wie absurd, dass das Volk nicht über die von ihm erlassenen Gesetze aufgeklärt werden sollte; dass die nachlaufenden Überreste blinder Unterwerfung ihren Geist immer noch vernebeln und sie dazu bringen sollten, sich geduldig dem absurden Druck überwundener Traditionen zu beugen!

Eine demokratische Regierung ist nicht länger eine Ausübung willkürlicher Autorität von oben, sondern eine Organisation für den öffentlichen Dienst am Volk selbst – oder wird es sein, wenn dies tatsächlich erreicht wird.

Bei diesem Wandel hört die Regierung auf, Zwang zu sein, und wird zur Vereinbarung; Das Gesetz hört auf, Autorität zu sein, und wird zur Koordination. Wenn wir die Regeln von Whist oder Schach lernen , befolgen wir sie nicht aus Angst, bestraft zu werden, wenn wir es nicht tun, sondern weil wir das Spiel spielen wollen. Die Regeln menschlichen Verhaltens dienen unserem eigenen Glück und unserem eigenen Nutzen – das kann jedes Kind erkennen. Jedes Kind wird es sehen, wenn Gesetze vereinfacht, auf Soziologie basierend und in den Schulen gelehrt werden. Ein zehnjähriges Kind sollte als völlig ungebildet betrachtet werden, wenn es nicht in der Lage ist, die Grundzüge der Gesetze seines Landes, Staates und seiner Stadt neu zu formulieren; und diese Gesetze sollten in ihren Prinzipien so einfach sein, dass ein zehnjähriges Kind sie verstehen könnte.

Lehrer: „Was ist eine Steuer?“

Kind: „Eine Steuer ist das Geld, das wir zu zahlen bereit sind, um unsere gemeinsamen Vorteile aufrechtzuerhalten.“

Lehrer: „Warum zahlen wir alle Steuern?“

Kind: „Weil das Land uns allen gehört und wir alle unseren Anteil dafür zahlen müssen, dass es erhalten bleibt.“

Lehrer: „In welchem Verhältnis zahlen wir Steuern?“

Kind: „Im Verhältnis dazu, wie viel Geld wir haben.“ (*Sotto voce* : „Natürlich!“)

Lehrer: „Was bedeutet Steuerhinterziehung?“

Kind: „Es ist Verrat.“ (*Sotto voce* : „Und ein schmutziger, gemeiner Trick.“)

Bei der männlichen Verwaltung der Gesetze können wir der instinktiven Liebe zum Kampf folgen, bis hin zum Brauch der „Kampfprobe“, der erst vor Kurzem überwunden ist, bis hin zu unserer gegenwärtigen Methode, bei der jede streitende Partei einen Kämpfer anheuert, der sie vertritt, und dieser gegen ihn kämpft in einem wortreichen Krieg, mit Tricks und Mitteln von komplexem Einfallsreichtum, und genießen diese Art von Kampf wie alle anderen Arten.

Es ist der alte männliche Geist der Regierung als Autorität, der sich so langsam an die demokratische Idee der Regierung als Dienstleistung anpasst. Dass es eine repräsentative Regierung sein sollte, glauben sie, aber repräsentativ für was? vom gemeinsamen Willen, sagen sie; der Wille der Mehrheit; – niemals denkend, dass es das Gemeinwohl, das Gemeinwohl ist, das die Regierung vertreten sollte.

Es ist die untrennbare Männlichkeit in unserer Vorstellung von Regierung, die sich so sehr gegen die Vorstellung von Frauen als Wählerinnen auflehnt. „Regieren" bedeutet „herrschen", kontrollieren, Autorität haben; und das nur für die meisten. Sie können den Gedanken nicht ertragen, dass die Frau sogar die Kontrolle über ihre eigenen Angelegenheiten hat; Sie gehen davon aus, dass Kontrolle männlich sei. Ich sehe nur das Eigeninteresse als einen natürlichen Impuls und die herrschenden Mächte des Staates als eine Art Schiedsrichter, eine Autorität, die die Spielregeln aufrechterhält, während die Menschen für immer dagegen ankämpfen; Sie sehen in einer Demokratie lediglich ein breiteres Spektrum an Eigeninteressen und ein breiteres, freieres Feld zum Kämpfen.

Das Gesetz diktiert die Regeln, die Regierung setzt sie durch, aber das Hauptgeschäft des Lebens wurde bisher als ein einziger langer, erbitterter Kampf angesehen; Jeder sucht nach sich selbst. Bewusst Gesetze zum Dienst am ganzen Volk zu erlassen und die Regierung als Hauptmotor dieses Dienstes zu nutzen, ist ein neuer Prozess, völlig menschlich und in einer androzentrischen Kultur schwierig zu entwickeln.

Darüber hinaus erheben sie diese naiven androzentrischen Proteste: Frauen können nicht kämpfen, und falls ihre Gesetze von Männern abgelehnt würden, könnten sie sie nicht durchsetzen – *deshalb* sollten sie nicht wählen!

Was sie nicht so deutlich sagen, sondern sehr deutlich meinen, ist, dass Frauen die Beute, die ihrer Meinung nach einen so großen Teil der Politik ausmacht, nicht teilen sollten.

Hier können wir die soziale Vererbung der männlichen Regierung deutlich erkennen.

Merken Sie sich klar und deutlich das erste Oberschiff der Menschheit – sozusagen den Anführer des Rudels – den Oberjäger. Dann das zweite Leitschiff, der Chief Fighter. Dann das dritte Oberhaupt, das Oberhaupt der

Familie. Dann die lange Reihe von Häuptlingen und Kapitänen, Kriegsherren und Grundbesitzern, Herrschern und Königen.

Der Jäger jagte nach Beute und erbeutete sie. Der Kämpfer bereicherte sich mit der Beute der Besiegten. Der Patriarch lebte von der Arbeit von Frauen und Sklaven. Im Laufe der Jahrhunderte, von offener Piraterie und Raub bis hin zu den maßvollen Tributen, Lösegeldern und Entschädigungen, sehen wir den gleichen natürlichen Instinkt des Jägers und Kämpfers. In seinen Händen ist die Regierung ein Ding, das man aushöhlt und ruiniert, um weiterzuleben. Es ist sein wesentlicher Impuls, etwas sehr zu wollen; dafür zu kämpfen und zu kämpfen; alles nehmen, was er kriegen kann.

Stellen Sie dem die großzügige Liebe gegenüber, die mit der Mutterschaft einhergeht. der endlose Dienst, den die Mutterschaft mit sich bringt; die friedliche Verwaltung im Interesse der Familie, die sich aus der Mutterschaft ergibt. Wir preisen einen Großteil der Familie als Einheit des Staates. Wenn ja, warum sollte der Staat dann nicht auf dieser Grundlage geführt werden? Die Regierung der Frauen würde, sofern sie von ihrem Geschlecht beeinflusst wird, von der Mutterschaft beeinflusst werden; und das würde Fürsorge, Pflege, Versorgung, Bildung bedeuten. Für jedes Beispiel einer organisierten Mutterschaft müssen wir auf der Skala weit nach unten gehen, aber wir finden sie bei den Hautflüglern ; in der überbordenden Industrie Wohlstand, Frieden und liebevoller Dienst am Ameisenhaufen und Bienenstock. Dies sind neben unserem die am höchsten sozialisierten Lebenstypen und es handelt sich um weibliche Typen.

Als Menschen haben wir eine weitaus höhere Form der Verbindung mit weiteren Themen als bloßem Reichtum und der Verbreitung der Art. In diesem menschlichen Prozess sollten wir nie vergessen, dass Männer derzeit weitaus weiter fortgeschritten sind als Frauen. Aufgrund ihrer Menschlichkeit kam es trotz ihrer Männlichkeit zu all dem edlen Wachstum der Zivilisation.

Als menschliche Wesen sind sowohl Männer als auch Frauen gleichermaßen nützlich und ehrenhaft und sollten in unserer Regierung gleichermaßen genutzt und geehrt werden. Aber als Geschöpfe der Sexualität ist das Weibchen besser als das Männchen für die Wahrnehmung konstruktiver sozialer Interessen geeignet. Der Wandel in den Regierungsprozessen, der unsere Zeit prägt, ist ein prinzipieller Wandel. Zwei große Bewegungen erschüttern heute die Welt, die Frauenbewegung und die Arbeiterbewegung. Jeder betrachtet den anderen als weniger bedeutsam als sich selbst. Beide sind Teile desselben Weltprozesses.

Wir treten in eine Phase des sozialen Bewusstseins ein. Während bisher fast alle von uns das Leben nur als Individuen gesehen haben und die wachsende Stärke und den Reichtum des sozialen Körpers lediglich als etwas betrachtet haben, an dem wir uns mästen können; Jetzt fangen wir an, ein intelligentes Interesse an unserer sozialen Natur zu entwickeln, sie ein wenig zu verstehen und den enormen Zuwachs an Glück und Kraft zu spüren, der mit dem echten menschlichen Leben einhergeht.

In diesem Systemwechsel bestand eine Regierung, die nur aus Verboten und Befehlen bestand; der Steuererhebung und der Kriegführung; weicht rasch einem System, das unsere gemeinsamen Interessen intelligent verwaltet, was eine wachsende und sich verbessernde Methode des Universaldienstes darstellt. Hier hat der Sozialist vollkommen Recht mit seiner Vorstellung vom wirtschaftlichen Wohlergehen, das durch die Vergesellschaftung der Industrie gewährleistet werden soll, obwohl dies nur ein Teil der neuen Entwicklung ist; und der Individualist, der sich dem Sozialismus widersetzt und lautstark nach den Vorteilen des „freien Wettbewerbs" schreit, bringt nur den Geist des räuberischen Mannes zum Ausdruck.

So auch bei den Gegnern des Frauenwahlrechts. Sie vertreten, ob Männer oder Frauen, den männlichen Standpunkt. Sie sehen die Frau nur als Frau, völlig in weibliche Funktionen vertieft, herabgesetzt und ignoriert, wie ihre lange Vormundschaft sie gemacht hat; und sie sehen den Mann so, wie er sich selbst sieht, den alleinigen Herrn der menschlichen Angelegenheiten, solange wir historische Aufzeichnungen haben.

Das dauert glücklicherweise nicht lange. Wir können jetzt auf die Zeit seiner Vorherrschaft zurückblicken und fangen an, darüber hinauszuschauen. Wir sind bereits auf dem Weg zu einer höheren Stufe der gesellschaftlichen Entwicklung, bewusst, gut organisiert, klug geführt, in der die Gesetze einfach sein und auf konstruktiven Prinzipien basieren sollen, anstatt eine Reihe ringförmiger Vorschriften zu sein, innerhalb derer die Menschen kämpfen können Sie werden; und in dem die Regierung in vollem Umfang anerkannt wird; nicht nur der streng dominante Vater und die kluge, dienende Mutter, sondern die wirkliche Einheit aller Menschen, ihre Angelegenheiten vernünftig und wirtschaftlich zu regeln.

XI. VERBRECHEN UND BESTRAFUNG.

Das menschliche Konzept der Sünde hatte zweifellos seinen Nutzen; und unsere besondere Erfindung einer Sache namens Bestrafung hat auch einen Zweck erfüllt.

Die soziale Evolution hat in vielerlei Hinsicht verschwenderisch und mit unnötigen Schmerzen funktioniert, aber im Vergleich zur natürlichen Evolution ist sie sehr vorteilhaft.

Während wir klüger werden; Während sich unser soziales Bewusstsein entwickelt, beginnen wir, die Natur in mehr als einer Hinsicht zu verbessern. ein Teil desselben großen Prozesses, aber von einer noch stärker sublimierten Art.

Die Natur zeigt eine Welt vielfältiger und sich verändernder Umwelt. Darin entsteht Leben – es ergießt sich und breitet sich in alle Richtungen aus. Das Leben hat es ziemlich schwer. Erstens: Hund frisst Hund in alle Richtungen; die Freude des Jägers und die unerfreulichste Angst des Gejagten.

Aber ganz außerhalb dieser wesentlichen Gefahr wartet die Umwelt düster und unruhig und zerstört fortwährend die unschuldigen Myriaden, die die einzige Voraussetzung des Lebens nicht erfüllen – Anpassung. Wir dürfen uns also nicht zu streng selbst verurteilen, wenn wir sehen, wie dumm, grausam und wahnsinnig verschwenderisch unsere Einstellung zu Verbrechen und Bestrafung ist.

Wir werden größtenteils durch den Schmerz sozial bewusst, und wenn wir beginnen zu erkennen, wie viel des Schmerzes vollständig von uns selbst verursacht wird, werden wir von Scham überwältigt. Aber der richtige Weg für die Gesellschaft, sich ihrer Vergangenheit zu stellen, ist derselbe wie für den Einzelnen; um zu sehen, wo es falsch war, und um damit aufzuhören – aber um keine Zeit und keine Emotionen über vergangene Missetaten zu verschwenden.

Wie ist unser derzeitiger Stand in Bezug auf die Kriminalität? Es ist ziemlich schlimm. Manche sagen, es sei schlimmer als früher; andere, dass es besser ist. Auf jeden Fall ist es schlimm genug und eine Schande für unsere Zivilisation. Bei uns gibt es tausende Mörder und millionenfache Diebe aller Art und Größe; wir haben das, was wir zärtlich „Unmoral" nennen, von den „Fehlern der Jugend" bis zur durchnässten Grobheit des Alters; verheiratet, ledig und gemischt. Wir haben all die alten Arten von Bosheit und viele neue, bis man sich über die Reinheit und Kraft der menschlichen Natur wundert, dass sie so viele Krankheiten in sich trägt und dennoch zu höheren Dingen heranwächst.

Auch wir haben immer noch Strafe mit uns; privat und öffentlich; angewendet wie eine Hasenpfote, ohne Rücksicht auf seine Wirksamkeit. Beleidigt ein Kind? Bestrafe es! Beleidigt eine Frau? Bestrafe sie! Beleidigt ein Mann? Bestrafe ihn! Beleidigt eine Gruppe? Bestrafe sie!

"Wozu?" fragt plötzlich jemand .

„Damit sie damit aufhören!"

„Aber sie haben es geschafft!"

„Damit sie es nicht noch einmal tun."

„Aber sie tun es wieder – und noch schlimmer."

„Um zu verhindern, dass andere es tun."

„Aber es hindert sie nicht – das Verbrechen geht weiter. Was nützt Ihre Strafe?"

Was in der Tat!

Welche Anwendung findet die Bestrafung von Straftaten? Seine Basis, seine prähistorische Basis, ist einfache Vergeltung; Und das ist keineswegs nur männlich, das müssen wir freimütig zugeben. Der Instinkt des Widerstands, der Opposition, der Vergeltung liegt tiefer als das Leben selbst. Das zugrunde liegende Gesetz ist das Gesetz der Physik – Aktion und Reaktion sind gleich. Die Umsetzung dieses Gesetzes im Leben ist völlig natürlich, aber nicht immer gewinnbringend. Schlagen Sie mit der Hand auf eine Steinmauer und die Steinmauer trifft auf Ihre Hand. Sehr gut; Sie lernen, dass Steinmauern hart sind, und regieren sich entsprechend.

Die bewusste junge Menschheit beobachtete und philosophierte und gratulierte sich zu ihrem Urteilsvermögen. „Ein Mann schlägt mich – ich schlage den Mann etwas härter – dann macht er es nicht noch einmal." Leider hat er es wieder getan – noch etwas schwieriger. Der Versuch, härter zuzuschlagen, führte zu Aktion und Reaktion, bis die Gesellschaft, die am härtesten zuschlug, ein System gesetzlicher Bestrafung mit unbegrenzter Härte einrichtete. Es sperrte ein, es verstümmelte, es folterte, es tötete; es zerstörte ganze Familien und zerstörte widerwärtige Städte dem Erdboden gleich.

Also hörten natürlich alle Verbrechen auf? NEIN? Aber die Kriminalität wurde gewiss gemildert! Vielleicht. Dies haben wir endlich bewiesen; dass die Kriminalität nicht im Verhältnis zur härtesten Strafe abnimmt. Nach und nach haben wir aufgehört, die Städte zu zerstören, die Familien auszulöschen, die Ohren abzuschneiden und zu foltern; und unsere Gefangenschaft wandelt sich vom langsamen Tod und Wahnsinn zu einer Form der versuchten Besserung.

Aber die Bestrafung hat als Prinzip weiterhin einen guten Ruf und ist nach wie vor die wichtigste Stütze dort, wo sie am meisten Schaden anrichtet – bei der Kindererziehung. „Spart die Rute und verwöhnt das Kind" bleibt der Glaube, der von den Millionen von Kindern, die von der unversehrten Rute verwöhnt wurden, unverändert bleibt.

Die Züchter von Rennpferden haben besser gelernt, nicht jedoch die Züchter von Kindern. Unser Problem ist einfach der Mangel an Intelligenz. Wir begegnen dem kindischen Irrtum und dem abscheulichen Verbrechen mit genau der gleichen Einstellung.

„Diese Person hat etwas Beleidigendes getan."

Ja? – und man wartet sehnsüchtig auf die erste Frage des rationalen Geistes – hört sie aber nicht. Man hört nur „Bestrafe ihn!"

Was ist die erste Frage des rationalen Geistes?

"Warum?"

Der Mensch ist nicht die erste Ursache. Sie entwickeln ihr Verhalten nicht aus dem Nichts. Das Kind tut dies, der Mann tut jenes, aus irgendeinem *Grund* ; wegen vieler Dinge. Wenn uns das Verhalten der Menschen nicht gefällt und wir wünschen, dass sie sich besser verhalten, sollten wir, wenn wir rationale Wesen sind, die Bedingungen untersuchen, die zu diesem Verhalten führen.

Der Zusammenhang zwischen unserem archaischen Bestrafungssystem und unserer androzentrischen Kultur ist zweifach. Der Widerstandsimpuls ist, wie wir gesehen haben, zwar tiefsten natürlichen Ursprungs, kommt aber beim Mann stärker zum Ausdruck als beim Weibchen. Die Tendenz, zurückzuschlagen und härter zuzuschlagen, wurde in ihm durch Sexkämpfe gefördert, bis sie eine große Intensität erreichten. Auch die Gewohnheit der Autorität, so alt wie unsere Geschichte; und das kumulative Gewicht aller Religionen sowie Rechts- und Regierungssysteme haben darüber hinaus den Geist der Vergeltung und Rache aufgebaut und verstärkt.

Sie haben dieses Konzept sogar in alten Religionen vergöttlicht und Gott die bösen Leidenschaften der Menschen zugeschrieben. Wie der kleine Junge rezitierte; „Rache. Ein gemeiner Wunsch, sich mit deinen Feinden zu arrangieren: ‚Mein ist die Rache, spricht der Herr' – ‚Ich werde zurückzahlen.'"

Die christliche Religion lehrt Besseres; besser, als seine Ausleger und Befürworter jemals verstanden haben – geschweige denn praktiziert .

Die Lehre „Liebe deine Feinde, tu denen Gutes, die dich hassen, und diene denen, die dich misshandeln und verfolgen" hat, wenn überhaupt praktiziert, allzu oft zu einer sentimentalen Verneinung geführt ; eine erbärmlich nutzlose Haltung des Nicht-Widerstands. Genauso gut könnte man eine Religion auf einem Federkissen begründen!

Die Ratschläge waren aktiv; Direkte; Beton. „ *Liebe!* " Liebe ist kein Nicht-Widerstand. "Gutes tun!" Gutes tun bedeutet nicht, keinen Widerstand zu leisten. "Aufschlag!" Dienst ist kein Nicht-Widerstand.

Wieder einmal haben wir einen überwältigenden Beweis für die weitreichenden Auswirkungen unserer androzentrischen Kultur. Denken Sie noch einmal darüber nach. Hier handelt es sich um einen Menschen, der von Natur aus kämpferisch und ehrgeizig ist und nicht von Natur aus darauf aus ist, die Führung seiner Spezies zu monopolisieren. Er geht davon aus, nicht nur der Anführer, sondern das Ganze zu sein – die Menschheit selbst zu sein und in der Frau zu sehen, wie Grant Allen es so deutlich ausdrückte: „Nicht nur nicht die Rasse; sie ist nicht einmal die Hälfte der Rasse, sondern eine Unterart, lediglich zu Reproduktionszwecken erzählt."

Unter dieser monströsen Annahme identifizierte er seine Geschlechtsmerkmale vollständig mit seinen menschlichen Merkmalen und überschattete sie, indem er jeder menschlichen Institution die Vorlieben und Neigungen des Mannes aufprägte. Als Mann kämpfte er, als männlicher Mensch kämpfte er mehr und vergötterte das Kämpfen; und in einer Kultur, die auf Begierde und Kampf basiert und in der lautstark der Selbstausdruck herrscht, könnte es nur langsam zu einer Akzeptanz der menschlicheren Methoden kommen, die das Christentum fordert. „Es ist eine Religion für Sklaven und Frauen!" sagte der alte Krieger. (Sklaven und Frauen waren weitgehend dasselbe.) „Es ist eine Religion für Sklaven und Frauen", sagt der Verfechter des Superman.

Also? Wer hat die Arbeit der gesamten Antike geleistet? Wer hat das Essen angebaut, eingesammelt, gekocht und serviert? Wer hat die Häuser, die Tempel, die Aquädukte und die Stadtmauer gebaut? Wer hat die Möbel, die Werkzeuge, die Waffen, die Utensilien, den Schmuck hergestellt – hat sie stark, schön und nützlich gemacht? Wer hielt die Menschheit trotz der ständigen schrecklichen Kriegsverschwendung irgendwie am Leben und baute hinter dieser blutigen Show langsam die echte Industriezivilisation auf? – Warum nur die Sklaven und die Frauen?

Eine Religion, die eine Anziehungskraft auf den wahren Menschentyp ausübt, sollte daher von Männern nicht völlig verachtet werden.

In der modernen Geschichte können wir mit zunehmender Leichtigkeit den langsamen, sicheren Fortschritt unseres wachsenden Menschseins unter der schwächelnden Hülle einer rein männlichen Dominanz beobachten. Und in diesem Bereich dessen, was bei der Krankenschwester als „Disziplin" beginnt und auf dem Schafott als „Bestrafung" endet, können wir diese gesegnete Veränderung deutlich erkennen.

Was ist das Natürliche, das Menschliche? Was bedeutet dieses „Lieben", „Gutes tun" und „Dienen"? In der stümperhaften alten Kirche, die immer noch androzentrisch war, gab es große Anstrengungen, diese Lehre in ausgefeilter Symbolik umzusetzen. Eine Gruppe von Bettlern und Krüppeln, die zu diesem Anlass versammelt worden waren, wurde ausgestellt, und Könige und Kardinäle führten feierlich ihre Dienste durch. Wie der englische Schüler es ausdrückte: „Thomas Becket hat den Leoparden die Füße gewaschen."

Dienst, Liebe und Gutes tun müssen in einer Männerwelt immer Nebenthemen bleiben. Dienst, Liebe und Gutes tun sind der Geist der Mutterschaft und die Essenz des menschlichen Lebens.

Das menschliche Leben ist Dienst und kein Kampf. Da haben Sie nun die Art der Veränderung, die uns bevorsteht.

Was hat der männliche Geist aus dem Christentum gemacht?

Wunsch – die eigene Seele zu retten. Kampf – mit dem Teufel. Selbstdarstellung – die ganze prachtvolle Pracht und Zurschaustellung, von den Juwelen des Brustpanzers des Hohepriesters bis zum Chor verstümmelter Männer, um eine männliche Gottheit zu preisen, der keine Frau so dienen darf.

Welcher Geist kann sich einen Gott vorstellen , der einen Eunuchen lieber hätte als eine Frau?

Für die Frau schufen sie endlich einen Ort – den üblichen Ort – der Entsagung, des Opfers und des Dienstes, die Schwestern der Barmherzigkeit und ihresgleichen; und in diesem liebevollen Dienst war die Seele der Frau zufrieden und sehnte sich nicht nach dem Umhang des Kardinals oder der Mitra des Bischofs .

All dies verändert sich – und zwar schnell. Überall weiten sich die Kirchen hin zu mehr Dienst aus, und der Dienst weitet sich über eine kleine Gruppe von Witwen und Vaterlosen, Kranken und Gefängnisinsassen hinaus aus, um sein wahres Gebiet zu umfassen – das gesamte menschliche Leben. Wie sollen wir mit dieser neuen Einstellung den Problemen der Kriminalität begegnen?

So: „Es ist schmerzlich offensichtlich, dass ein gewisser Prozentsatz unseres Volkes nicht richtig funktioniert. Sie begehen asoziale Handlungen. Warum? Was ist mit ihnen los?"

Dann wenden sich Herz und Verstand der Gesellschaft der Frage zu und es werden bald bestimmte Ergebnisse erzielt; andere arbeiteten langsam darauf hin.

Erstes Ergebnis. Manche Menschen sind so moralisch krank, dass sie sich einer Krankenhausbehandlung unterziehen müssen. Das letzte Gefängnis der Welt wird einfach ein Krankenhaus für moralisch Unheilbare sein. Sie dürfen auf keinen Fall ihre Art reproduzieren, das kann sofort erledigt werden. Einige sind moralisch krank, können aber geheilt werden, und die besten Kräfte der Gesellschaft werden eingesetzt, um sie zu heilen. Einige sind aufgrund der Bedingungen, unter denen sie geboren und aufgewachsen sind, nur moralisch krank, und hier kann die Gesellschaft Millionen auf einmal retten.

Eine intelligente Gesellschaft wird ihre Kinder genauso wenig vernachlässigen, wie eine intelligente Mutter ihre Kinder vernachlässigen wird; und wird ebenso klar erkennen, dass schlecht ernährte, schlecht gekleidete, schlecht erzogene und schlecht behandelte Kleine schwer verletzt aufwachsen müssen.

Tatsächlich machen wir unsere Generation zu Kriminellen, genauso wie wir unsere Idioten zu Blinden, Verkrüppelten und im Allgemeinen Defekten machen . Jeder ist zuerst ein Baby, und ein Baby ist kein Verbrecher, es sei denn, wir machen es dazu. Unter den richtigen Bedingungen wäre das nie der Fall . Manchmal wird ein Perverser geboren, manchmal wird ein zweiköpfiges Kalb geboren, aber das kommt nicht häufig vor.

Die älteren, einfacheren Formen der Kriminalität können wir vielleicht mit Fall- und Aufklärungsmaßnahmen verhindern , aber wie steht es mit den neuen ? – große, schreckliche, weitreichende, weitverbreitete Verbrechen, für die wir noch keine Namen haben; und vor dem unser altes System der antipersönlichen Bestrafung hilflos ist? Was ist mit den Verbrechen, eine Gemeinschaft mit schlechtem Essen zu vergiften? das Wasser zu verunreinigen; die Luft zu schwärzen; ganze Wälder zu stehlen? Was ist mit den Verbrechen arbeitender kleiner Kinder? Mietwohnungen zu bauen und zu mieten, die auch zu Kriminalität und körperlichen Krankheiten führen? Was ist mit dem Verbrechen, vom Lohn gefallener Frauen zu leben – Männer anzuheuern, um unschuldige junge Mädchen zu ruinieren? sie zu versklaven und mit Gewinn zu verkaufen? (Diese Dinge sind in einer von Menschenhand geschaffenen Welt nur „Vergehen"!)

Und was ist mit einem Verbrechen wie diesem? die öffentliche Presse zu nutzen, um die Öffentlichkeit für private Zwecke anzulügen? Noch kein Name für dieses Verbrechen; geschweige denn eine Strafe.

Und das: Einer unschuldigen, reinen Frau, die dich liebt und dir vertraut, Schlimmeres als Lepra zu bringen?

Oder dies: Einem ungeborenen Kind wissentlich Gift einzuflößen?

Keine Namen dafür; keine „Strafen"; keine denkbare Strafe, die ihnen etwas anhaben könnte.

Das gesamte Strafsystem bricht angesichts der riesigen Masse des Bösen zusammen, mit der wir konfrontiert sind. Wenn wir eine Prozession von Luftschiffen sehen würden, die über eine Stadt fliegen und Bomben abwerfen, sollten wir dann wie verrückt nach jedem davonrennen und rufen: „Fang ihn! Bestrafe ihn!" Oder sollten wir versuchen, die Prozession zu stoppen?

Es kommt die Zeit, in der das Wort „Verbrechen" nicht mehr verwendet wird, außer in Gedichten und Reden; und „Strafe", das Wort und die Tat, werden ausgelöscht. Wir fangen an, ein wenig über die Natur der Menschheit zu lernen, ihre Güte, ihre Schönheit, ihre Liebenswürdigkeit; und zu sehen, dass selbst seine Dummheit nur auf unsere dummen alten Erziehungsmethoden zurückzuführen ist.

Wir brauchen nicht neue Kraft, neues Licht, neue Hoffnung, sondern *verstehen, was uns schmerzt.*

Wir wissen jetzt genug, wir kümmern uns jetzt genug, wir sind jetzt stark genug, um die ganze Welt in einer Generation tausendfach besser zu machen; Aber wir sind durch alte falsche Vorstellungen gefesselt, gefesselt und geblendet. Die Ideen der Vergangenheit, die Gefühle der Vergangenheit, die Einstellungen und Vorurteile der Vergangenheit stehen uns im Weg; Und unter ihnen gibt es keine, die universeller ist als diese große Sammlung von Ideen und Gefühlen, Vorurteilen und Gewohnheiten, die das offensive Netzwerk der androzentrischen Kultur bilden.

XII. Politik und Kriegsführung.

Ich gehe zu meinem alten Wörterbuch und finde; „Politik, I. Die Wissenschaft der Regierung; der Teil der Ethik, der sich mit der Regulierung und Regierung einer Nation oder eines Staates, der Wahrung seiner Sicherheit, seines Friedens und seines Wohlstands; der Verteidigung seiner Existenz und seiner Rechte gegen ausländische Kontrolle oder … befasst Eroberung; die Steigerung seiner Stärke und Ressourcen und der Schutz seiner Bürger in ihren Rechten; mit der Wahrung und Verbesserung ihrer Moral. 2. Die Führung politischer Parteien; die Beförderung von Kandidaten zu Ämtern; im schlechten Sinne kunstvoll oder unehrliches Management zur Sicherung des Erfolgs politischer Maßnahmen oder Parteipläne, politische Trickserei.“

Aus heutiger Erfahrung könnten wir hinzufügen: 3. Politik, praktisch; Die Kunst, Menschen in großer Zahl zu organisieren und zu verwalten, Stimmen zu manipulieren und insbesondere sich öffentliches Vermögen anzueignen.

Wir können leicht erkennen, dass die „Wissenschaft der Regierung“ wie andere Wissenschaften in „reine“ und „angewandte“ Wissenschaften unterteilt werden kann, aber dass sie „ein Teil der Ethik“ ist, wird für viele neu sein.

Doch warum nicht? Ethik ist die Wissenschaft des Verhaltens, und Politik ist nur ein Bereich des Verhaltens; ein sehr häufiges. Seine Verbindung mit der Kriegsführung in diesem Kapitel ist angesichts der Geschichte der Politik einerseits und der zwingenden modernen Fragen, die dieser etablierten Kombination heute entgegenstehen, völlig legitim.

Heutzutage gibt es viele, die der Meinung sind, dass Politik überhaupt nicht mit Krieg verbunden sein muss, und andere, die meinen, Politik sei von Anfang bis Ende Krieg.

Um die beiden Ideen vollständig zu trennen, wollen wir die obige Definition umschreiben und sie auf die Haushaltsführung anwenden – den Teil der Ethik, der mit der Regulierung und Führung einer Familie zu tun hat; die Wahrung seiner Sicherheit, seines Friedens und seines Wohlstands; die Verteidigung seiner Existenz und seiner Rechte gegen jegliche Einmischung oder Kontrolle durch Fremde; die Steigerung seiner Stärke und Ressourcen und der Schutz seiner Mitglieder in ihren Rechten; mit der Bewahrung und Verbesserung ihrer Moral.

Das alles ist recht einfach und keineswegs männlich; es ist auch nicht weiblich, außer darin; dass die Tendenz, eine Gruppe zu betreuen, zu verteidigen und zu leiten, in ihrem Ursprung mütterlich ist.

In jeder menschlichen Hinsicht hat die Politik ihre mütterliche Basis jedoch weit in den Hintergrund gelassen; und ist als Studien- und Handlungsfeld sowohl für Männer als auch für Frauen geeignet. Es gibt überhaupt keinen Grund, warum Menschen in diesem Bereich der Ethik nicht große Fähigkeiten entwickeln und nach und nach lernen sollten, wie sie die Sicherheit, den Frieden und den Wohlstand ihrer Nation bewahren können ; zusammen mit diesen anderen Dienstleistungen in Bezug auf Ressourcen, Schutz der Bürger und Verbesserung der Moral.

Männer sind als menschliche Wesen zu höchster Hingabe und Effizienz in diesen Angelegenheiten fähig und haben dies oft bewiesen; aber ihre Hingabe und Effizienz wurden hier, wie in so vielen anderen Bereichen, durch das ständige Eindringen einer ultramännlichen Tendenz beeinträchtigt.

Im Krieg *an sich* finden wir Männlichkeit in ihren absurdesten Extremen. Hier soll die gesamte Bandbreite grundlegender Männlichkeit untersucht werden, vom anfänglichen Kampfinstinkt bis hin zu jeder Form glorreicher Zurschaustellung, mit möglichst lauter Lärmbegleitung.

Der Höhepunkt der primitiven Kriegsführung war der Besitz der primitiven Beute, der Frau. Ohne eine so weit zurückliegende Zeitspanne zu dogmatisieren , kann man als berechtigte Hypothese annehmen, dass dies der eigentliche Ursprung unserer organisierten Raubzüge war. Sicherlich gibt es Krieg, bevor es Landbesitz oder andere Besitztümer gab, die Angreifer in Versuchung führten. Frauen gab es jedoch immer, und wenn ein besonders androzentrischer Stamm seinen Bestand an Frauen durch grausame Behandlung reduziert hatte oder sie aufgrund schwieriger Bedingungen nicht in ausreichender Zahl geboren wurden, mussten Männer zwangsläufig weiter hinter anderen Frauen her sein. Da die Männer der anderen Stämme natürlich dagegen waren, ihre wichtigste Arbeitskraft und ihren Komfort zu verlieren, kam es zum Krieg.

Auf der Grundlage des sexuellen Impulses gab es dem Kampfinstinkt und darüber hinaus dem Durst nach stimmlichem Frohlocken, der so exquisit männlich ist, die volle Entfaltung. Das stolze Gebrüll des siegreichen Hirsches, als er seinen am Boden liegenden Rivalen niedertrampelte, fand einen höheren Ausdruck in den „Triumphen" der alten Tage, als der siegreiche Krieger mit Opfern, die an die Räder seines Streitwagens gekettet waren, und brüllenden Trompeten in seine Heimat zurückkehrte.

Als Eigentum zu einem nennenswerten Faktor im Leben wurde, bekam die Kriegsführung eine neue Bedeutung. Was zunächst bloße Zerstörung war, in dem Bemühen, ein Jagdrevier oder eine Weide zu verteidigen oder zu erobern; und immer, um das Weibchen zu sichern; Jetzt verschmolz es mit dem Erwerbsinstinkt, und die langen schwarzen Zeitalter der Raubkriege brachen über die Welt herein.

Wo die früheste Form ausgerottet wurde, wurde die spätere versklavt und nahm Tribut; Und jahrhundertelang zog es der „Gentleman-Abenteurer", also der primitive Mann, weitaus vor, Reichtum durch den einfachen alten Prozess des Aneignens zu erwerben, als durch jede Form produktiver Industrie.

Unsere androzentrische Literatur hat uns hinsichtlich der Kriegsführung stark in die Irre geführt. Mit einer Geschichte, die nichts anderes aufzeichnete; eine Literatur, die es lobte, und eine Kunst, die es verherrlichte; eine Religion, die ihre zentrale Macht „den Gott der Schlachten" nannte – wohlgemerkt nie den Gott der Werkstätten! – mit einer komplexen sozialen Struktur, die von der Mitte bis zum Rand von Menschen geprägt ist und dem Soldaten höchstes Lob und höchste Ehre erweist; Es ist immer noch schwer zu erkennen, was Krieg im menschlichen Leben wirklich bedeutet.

Eines Tages werden wir neue Geschichten geschrieben haben, Geschichten des weltweiten Fortschritts, die den langsamen Aufstand, die Entwicklung und den gegenseitigen Dienst der Nationen zeigen; zeigt den schwachen, schönen Beginn des größeren Geistes des Weltbewusstseins und all sein wohltuendes Wachstum.

Wir werden sehen, wie Menschen weicher werden, lernen und aufstehen; Sehen Sie, wie sich das Leben durch den Besitz von Herden verlängert und dass sich der Reichtum durch die Landwirtschaft steigert. Dann blüht die Industrie, trägt Früchte und breitet sich weit aus; Kunst, die Licht und Freude schenkt; der Intellekt entwickelt sich durch Kameradschaft und menschlichen Verkehr; der gesamte sich ausbreitende Baum des sozialen Fortschritts, dessen Stamm die spezialisierte Industrie ist und dessen Zweige alle kleinsten und größten Bereiche menschlicher Aktivität und Freude umfassen. Wir werden erleben, wie dieser wachsende Baum, der überall dort aufsprosse, wo Frieden und Wohlstand ihm eine Chance gaben, durch den Krieg immer wieder bis auf die Wurzel abgeholzt wurde.

Für den späteren Historiker wird diese Rote Plage des Krieges im Laufe der Jahrhunderte wie ein abscheuliches Schicksal, ein Fluch oder eine vorherbestimmte Kontrolle erscheinen, um all unsere Hoffnung und Freude zunichte zu machen und das Leben für immer wieder in seine ersten Schritte zu versetzen.

Der Kampfinstinkt zwischen Männern funktionierte vorteilhaft, solange er weder das Weibchen noch die Jungen verletzte. Es ist ein völlig natürlicher Instinkt und daher an seiner Stelle vollkommen richtig; aber sein Platz liegt in einer vorpatriarchalischen Ära. Solange die Tiermutter frei und kompetent war, für sich und ihre Jungen zu sorgen; dann war es ein Vorteil, wenn „der beste Mann gewann"; das ist der beste Hirsch oder Löwe; und den Besiegten sterben zu sehen oder in mürrischem Zölibat zu leben, war für niemanden außer ihm selbst ein Nachteil.

Die Menschheit befindet sich auf einer Stufe über diesem Plan. Der beste Mann im sozialen Gefüge ist nicht immer der kräftigste. Als eine neue Horde ultramännlicher Wilder über eine wohlhabende junge Zivilisation herfiel, die zivilisierteren Männer tötete und sich die zivilisierteren Frauen aneignete; Sie brachten zweifellos einen neuen physischen Schwung in das Rennen; aber sie zerstörten die Zivilisation.

Die Reproduktion vollkommen guter Wilder ist nicht die Hauptaufgabe der Menschheit. Sein Geschäft besteht darin, sozial zu wachsen; sich entwickeln, verbessern; und Krieg bremst im besten Fall den menschlichen Fortschritt; im schlimmsten Fall löscht es es aus.

Kampf ist überhaupt kein sozialer Prozess; Es ist ein physischer Prozess, ein sekundärer Sexualprozess, rein männlich, mit dem Ziel, die Art durch die Eliminierung der Untauglichen zu verbessern. Amüsant genug oder absurd genug; Wenn es auf die Gesellschaft angewendet wird, eliminiert es die Eignung und lässt die Untauglichen zurück, um die Rasse aufrechtzuerhalten!

Um unsere organisierten Kämpfe durchführen zu können, benötigen wir eine Auswahl kräftiger junger Männer, die fittesten, die wir finden können. Die zu alt oder zu jung; die Kranken, Verkrüppelten, Defekten; werden alle zurückgelassen, um zu heiraten und Vater zu werden; während die Wahl des Landes physisch losgeschickt wird, um sich der Wahl eines anderen Landes zu widersetzen und zu töten – töten – töten!

Beobachten Sie das Ergebnis an der Bevölkerung! Erstens ist das Gleichgewicht gestört – es gibt nicht genug Männer, um zu Hause zurechtzukommen; Viele Frauen bleiben ohne Partner. In der primitiven Kriegsführung, in der Frauen sofort versklavt oder bestenfalls polygam verheiratet wurden, spielte dies für die Bevölkerung keine große Rolle; Aber mit fortschreitender Zivilisation und zunehmender Monogamie gehen alle eugenischen Vorteile, die sich einst aus der Kriegsführung ergeben haben, völlig verloren, und alle ihre Schäden bleiben bestehen.

In dem, was wir unschuldig „zivilisierte Kriegsführung" nennen (wir könnten genauso gut von „zivilisiertem Kannibalismus" sprechen!), hinterlässt diese stetige Eliminierung des Anfalls einen immer niedrigeren Standard der Abstammung zu Hause. Dadurch vergrößert sich der Spielraum dessen, was wir „überzählige Frauen" nennen, also mehr als genug, um monogam verheiratet zu sein; Und da diese Frauen wirtschaftlich nicht unabhängig sind, belasten sie die verbleibenden Männer ständig, verschieben die Ehe und erhöhen ihre Lasten.

Die Geburtenrate sinkt quantitativ durch den Mangel an Ehemännern und sinkt qualitativ sowohl durch die Vernichtung überlegener Zuchttiere als auch durch die weite Verbreitung jener Krankheiten, die unweigerlich mit der Frauenlosigkeit der getrennt lebenden Männer einhergehen, denen man sagt, dass sie Leistungen erbringen müssen unsere militärischen Funktionen.

Die äußeren Schrecken und Verschwendungen der Kriegsführung sind uns allen bekannt; A. Es stoppt die Industrie und jeglichen Fortschritt. B. Es zerstört die Früchte von Fleiß und Fortschritt. C. Es schwächt, verletzt und tötet die Kämpfer. D. Es senkt den Standard der Nichtkombattanten. Sogar die Eroberernation wird schwer verletzt; Die Besiegten werden manchmal ausgerottet oder zumindest vom Sieger absorbiert.

Dieser männliche Selektionsprozess führt bei der Anwendung auf Nationen nicht zum gleichen Ergebnis wie bei der Anwendung auf einzelne gegnerische Tiere. Als das kleine Griechenland besiegt wurde, bewies das weder, dass die Sieger überlegen waren, noch förderte es in irgendeiner Weise menschliche Interessen; es hat sie verletzt.

Die „strenge Schiedsgerichtsbarkeit des Krieges" mag zeigen, welches der beiden Völker der bessere Kämpfer ist, aber sie beweist nicht, dass es das fähigste ist, zu überleben.

Über all diese mehr oder weniger offensichtlichen Übel hinaus gibt es ein weiteres Ergebnis, das nicht ausreichend erkannt wird; die psychischen Auswirkungen militärischer Denk- und Gefühlsstandards.

Denken Sie daran, dass eine androzentrische Kultur ihre eigenen wesentlichen Aktivitäten immer von den Zwängen der Ethik ausgenommen hat: „In Liebe und Krieg ist alles fair!" Täuschung, Betrug, Lügen, jede Art von heimlichem Versuch, an Informationen zu kommen; unaufhörliches Bemühen, „den Feind" zu überlisten und zu besiegen; außerdem als Grausamkeit und Zerstörung; sind charakteristisch für den militärischen Prozess; sowie die vielgepriesenen Tugenden Mut, Ausdauer und Loyalität, persönlich und öffentlich.

Ebenfalls als Tugend eingestuft, und aus militärischer Sicht zweifellos eine solche, ist der wichtigste Faktor beim Aufbau und Erhalt einer Armee: Gehorsam.

Sehen Sie, wie sich die Wirkung dieser künstlichen Aufrechterhaltung früher geistiger Einstellungen auf unsere spätere Entwicklung auswirkt. Wahrer menschlicher Fortschritt erfordert ganz andere Elemente als diese. Wenn eine erfolgreiche Kriegsführung eine Nation zum unbestrittenen

Herrn der Erde machen würde, würde ihr sozialer Fortschritt durch dieses Ereignis nicht gefördert. Die unhöflichen Horden von Dschingis Khan schwärmten über Asien und nach Europa, blieben aber unhöfliche Horden; Eroberung ist weder Zivilisation noch irgendein Teil davon.

Als die nördlichen Stammesangehörigen die römische Kultur überwältigten, lähmten sie den Fortschritt für etwa tausend Jahre; Stellen Sie die Uhr um so viel zurück. Solange sich ganz Europa im Krieg befand, so lange standen die Künste und Wissenschaften still oder kämpften in verborgenen Ecken darum, ihr Licht am Leben zu erhalten.

Wenn der Krieg selbst aufhört, hören die physischen, sozialen und psychischen Folgen nicht auf. Unsere gesamte Kultur ist immer noch von militärischen Idealen geprägt.

Friedenskongresse haben begonnen, sich zu treffen, Friedensgesellschaften schreiben und reden, aber die Denkmäler für Soldaten und Seeleute (natürlich Marinesegler) werden immer noch errichtet, und der Zinnsoldat bleibt ein beliebtes Spielzeug. Wir sehen nicht zufällig Kisten voller Blechschreiner; Zinnbauern, Weber, Schuhmacher; Wir schreiben unsere „ Jungenbücher " nicht über die wahren Wohltäter und Diener der Gesellschaft; Der Abenteurer und Zerstörer bleibt das Idol einer androzentrischen Kultur.

In der Politik sind das militärische Ideal, die militärischen Prozesse so vorherrschend, dass sie „diesen Teil der Ethik" fast monopolisieren . Die Wissenschaft der Regierung, die schlichte, gesunde Aufgabe, eine Gemeinschaft zu ihrem eigenen Wohl zu verwalten; seine Arbeit tun, seinen Wohlstand fördern, seine Moral verbessern – das wird offen gesagt als ein Kampf von Anfang bis Ende verstanden und akzeptiert. Stellen Sie Ihre Truppen zusammen und versuchen Sie einzudringen, das ist der politische Wahlkampf. Wenn Sie drin sind, kämpfen Sie darum, drinnen zu bleiben und den anderen draußen zu halten. Kämpfe um deine eigene Hand, wie ein Tier; Kämpfe für deinen Meister wie jeder angeheuerte Bravo; kämpfe immer für einen ersehnten „Sieg" – und „den Siegern gehört die Beute".

Das ist keineswegs die wahre Natur der Politik. Es ist nicht einmal ein angemessenes Bild der heutigen Politik; in dem der Mensch, das menschliche Wesen, edle Arbeit für die Menschheit leistet; aber es ist die Wirkung des Menschen, des Mannes, auf die Politik.

Für den „männlichen Geist" (wir haben genug vom „weiblichen Geist" gehört, um das Analogon zu verwenden!) *ist* das Leben ein Kampf, und seine alten militärischen Institutionen und Prozesse halten die Täuschung aufrecht.

Tatsächlich ist Leben Wachstum . Wachstum entsteht auf natürliche Weise durch die Vermehrung von Zellen und erfordert drei Faktoren, um es zu fördern; Ernährung, Nutzung, Ruhe. Der Kampf ist ein kleiner Vorfall im Leben; Zugehörigkeit zu niedrigen Ebenen und kein sich entwickelnder gesellschaftlicher Einfluss.

Die Wissenschaft der Politik sollte in einer zivilisierten Gemeinschaft zu diesem Zeitpunkt über eine schöne Ansammlung vereinfachten Wissens für die Verbreitung in öffentlichen Schulen verfügen; ein Schatz an praktischer Erfahrung, wie sich der soziale Aufstieg am schnellsten fördern lässt, eine fortschrittliche Wirtschaft und eine einfache Verwaltung, eine Einfachheit in der Theorie und sichtbare Vorteile in der Praxis, die jedes Kind zu einem eifrigen und hilfsbereiten Bürger machen sollten.

Was finden wir hier in Amerika im Bereich „Politik"?

Wir finden zunächst ein Parteiensystem, das die technische Vorkehrung zur Durchführung eines Kampfes darstellt. Es ist durchaus vorstellbar, dass eine blühende demokratische Regierung *überhaupt ohne Parteien* weitergeführt wird ; öffentliche Funktionäre werden nach ihren Verdiensten gewählt und jede vorgeschlagene Maßnahme wird nach ihren Verdiensten beurteilt; obwohl dies für den androzentrischen Geist unmöglich klingt.

„Es gab noch nie eine Demokratie ohne Fraktionen und Parteien!" wird protestiert.

Bisher hat es noch nie eine Demokratie gegeben, sondern nur eine Androkratie.

Eine Gruppe, die nur aus Männern besteht, spaltet, widersetzt sich natürlich und kämpft; Selbst eine männliche Kirche hat unter der strengsten Herrschaft ihre geheimen Unterströmungen des Antagonismus.

„Es ist das menschliche Herz!" wird erneut protestiert. Nein, nicht im Wesentlichen das menschliche Herz, sondern das männliche Herz. Dies wird von Männern im Allgemeinen so gut erkannt, dass ihrer Meinung nach Frauen in diesem gemischten Bereich aus Politik und Kriegsführung keinen Platz haben.

In der „zivilisierten Kriegsführung" ist es ihnen zwar erlaubt, mitzuschleppen und ihre weibliche Pflegefunktion auszuüben; Aber das ist kein Teil des eigentlichen Krieges, es ist vielmehr der Anfang vom Ende des Krieges. Irgendwann wird es unseren „lustigen Punkt" treffen, diese anstrengenden Bemühungen, zu verletzen und zu zerstören, und diese damit einhergehenden Bemühungen, zu heilen und zu retten.

Aber in unserer Politik ist nicht einmal ein Krankenpflegekorps vorgesehen; Frauen sind absolut ausgeschlossen.

„Sie können das Spiel nicht spielen!" schreit der praktische Politiker. Es wird lautstark von der Befleckung, dem „schmutzigen Teich" und der daraus resultierenden Verdüsterung des guten Rufs gesprochen, von der völligen Unfähigkeit einer schönen Frau, an „dem Trubel der Politik" teilzunehmen.

Mit anderen Worten : Männer haben eine menschliche Institution zu einer ultra-männlichen Leistung gemacht; und sind völlig zu Recht der Meinung, dass Frauen sich nicht *wie Männer* an der Politik beteiligen könnten . Dass es nicht notwendig ist, diesen menschlichen Brauch auf so männliche Weise zu erfüllen, kommt ihnen nicht in den Sinn. Nur wenige Männer können die Grenzen ihres Geschlechts übersehen und die Wahrheit erkennen; dass diese Aufgabe, sich um unsere gemeinsamen Angelegenheiten zu kümmern, nicht nur Frauen und Männern gleichermaßen offensteht, sondern dass Frauen darin ausdrücklich gebraucht werden.

Jeder wird zugeben, dass eine Regierung, die vollständig in den Händen von Frauen liegt, durch die Unterstützung von Männern unterstützt werden würde; dass eine Gynäkokratie von Natur aus einseitig sein muss. Dennoch ist es schwer, das widerstrebende Eingeständnis der gegenteiligen Tatsache zu gewinnen; dass eine Androkratie von Natur aus auch einseitig sein muss und durch die Beteiligung des anderen Geschlechts erheblich verbessert würde.

Die unentwirrbare Verwechslung von Politik und Kriegsführung ist Teil des Stolpersteins in den Köpfen der Menschen. Aus ihrer Sicht ist eine Nation in erster Linie eine kämpfende Organisation; und sein Hauptgeschäft ist die offensive und defensive Kriegsführung; daher das Ultimatum, mit dem sie der Forderung nach politischer Gleichheit entgegentreten: „Frauen können nicht kämpfen, deshalb können sie nicht wählen."

Letztlich ist für sie das Kämpfen das eigentliche Geschäft des Lebens; Nicht kämpfen zu können bedeutet, völlig aus dem Rennen zu sein; und Fähigkeit, unsere wachsende Masse öffentlicher Probleme zu lösen; Fragen der Gesundheit, der Bildung, der Moral, der Wirtschaft; nichts gegen die Fähigkeit zu töten.

Diese naive Annahme des höchsten Wertes in einem Prozess ist nie von größter Bedeutung; und mit fortschreitender Gesellschaft immer schädlicher wird, wäre lächerlich, wenn es nicht seine bösen Auswirkungen gäbe. Es wirkt und reagiert auf unseren Schmerz. Positiv sehen wir die bereits angesprochenen negativen Auswirkungen; die Übel nicht nur eines aktiven Krieges; sondern vom Geist und den Methoden des Krieges; idealisiert, eingeprägt und in anderen sozialen Prozessen praktiziert. Es tendiert dazu, jede von Menschen geführte Nation zu einer tatsächlichen oder potenziellen Kampforganisation zu machen und uns anstelle eines zivilisierten Friedens dieses „Gleichgewicht der Kräfte" zu geben, das wie die abgezählte Zeit im Preisring ist – nur eine Pause zwischen den Kämpfen.

Die schwächeren Nationen müssen genauso „erobert" und „annektiert" werden, wie sie es früher waren; mit Zöllen statt Tribut. Es zwingt jedem die Last der Bewaffnung auf; für viele die gefürchtete Wehrpflicht; und verringert kontinuierlich die Geld- und Lebensressourcen der Welt.

In ähnlicher Weise kommt es in der Politik zu den legitimen Kosten der Regierung und den illegitimen Kosten des Kampfes; und muss unbedingt über ein „Beutesystem" verfügen, mit dem seine Söldner bezahlt werden können.

Bei der Umsetzung der öffentlichen Politik werden die Räder des Staates ständig durch die „Opposition" blockiert; immer eine Opposition auf der einen oder anderen Seite; und dieser langsame, schwankende, ungleichmäßige Fortschritt durch verpasste Siege und das Feilschen von Zugeständnissen wird als die richtige und einzige politische Methode angesehen.

„Frauen verstehen Politik nicht", wird uns gesagt; „Frauen interessieren sich nicht für Politik;" „Frauen sind für die Politik ungeeignet."

Aus androzentrischer Sicht ist es offen gesagt unvorstellbar, dass Nationen in Frieden zusammenleben und so freundlich und hilfsbereit sein können wie Menschen. Es ist auch unvorstellbar, dass bei der Führung einer Nation Ehrlichkeit, Effizienz, Weisheit, Erfahrung und Liebe ohne jedes Element des Kampfes zu guten Ergebnissen führen könnten.

Der „ultimative Ausweg" ist immer noch die Waffe. „Der Wille der Mehrheit" wird nur aufgrund der Waffen der Mehrheit respektiert. Wir haben nur eine Teilzivilisation, die stark auf Sex umgestellt ist – das männliche Geschlecht.

FRAU UND DER STAAT

[Eine Diskussion über die politische Gleichstellung von Männern und Frauen. Zu sein

Lesen Sie im Zusammenhang mit Kapitel 12 von Our Androcentric

Kultur.]

Hier sind zwei lebenswichtige Faktoren im menschlichen Leben; einer ist ein wesentlicher Bestandteil unserer Existenz; der andere ist für unseren Fortschritt von entscheidender Bedeutung.

Beide idealisieren wir in bestimmten Zeilen und nutzen sie in anderen aus. Beide werden falsch interpretiert, ihrer vollen Nützlichkeit beraubt und so die Menschheit geschädigt.

Die Menschheit profitiert weder von den vollen Machtbefugnissen der Frauen noch von den vollen Machtbefugnissen des Staates.

In allen zivilisierten Rassen herrscht heute ein weit verbreitetes und wachsendes Gefühl der Unzufriedenheit unter den Frauen; eine Kritik an den ihnen zugewiesenen Einschränkungen und eine Forderung nach mehr Freiheit und Möglichkeiten. Unter verschiedenen Bedingungen variiert die Nachfrage; hier geht es um höhere Bildung, dort um Gerechtigkeit vor dem Gesetz; hier für wirtschaftliche Unabhängigkeit und dort für politische Gleichheit.

Letzteres ist derzeit das wichtigste Thema der „Frauenfrage" in England und Amerika, da die Aktivität der „militanten Suffragisten" es in die Aufmerksamkeit der Welt gedrängt hat.

Nachdenkliche Menschen im Allgemeinen befassen sich jetzt ernsthafter als je zuvor mit diesem Punkt und sind aufrichtig bestrebt, sich auf die rechte Seite zu stellen, und es gibt einen alarmierten Aufstand ernsthafter Einwände gegen die politische Gleichstellung der Frauen.

Verschwenden wir keine Zeit mit Unwissenheit, Vorurteilen oder dem Widerstand spezieller Interessen, sondern lassen Sie uns der ehrlichen Opposition gerecht gegenübertreten und ihr gerecht werden.

Die konservative Position ist folgende:

„Männer und Frauen haben unterschiedliche Lebensbereiche. Den Männern obliegt die Schaffung und Verwaltung des Staates sowie der finanzielle Unterhalt von Haus und Familie:

„Zu den Frauen gehört die körperliche Belastung der Mutterschaft und die gewerbliche Führung von Haus und Familie; diese Aufgaben erfordern ihre ganze Zeit und Kraft:

„Der Wohlstand des Staates kann allein durch Männer ausreichend aufrechterhalten werden; der Wohlstand der Familie erfordert die persönliche Anwesenheit und die Dienste der Mutter zu Hause: Wenn Frauen die Sorgen des Staates übernehmen, werden das Zuhause und die Familie leiden."

Manche gehen sogar noch weiter und behaupten, dass es im „weiblichen Geist" eine wesentliche Beschränkung gebe, die ihn daran hindere, große politische Interessen zu erfassen; Daher ist es der Ansicht, dass eine Beteiligung von Frauen an Staatsangelegenheiten der Gemeinschaft schaden würde:

Andere vertreten die Theorie, dass die „Gesellschaft" im besonderen Sinne der wahre Bereich des größeren Dienstes für Frauen ist und dass diejenigen von ihnen, die nicht ausschließlich auf „häusliche Pflichten" beschränkt sind, voll und ganz mit „sozialen Pflichten" beschäftigt sein können, einschließlich der Zeit geehrte Bereiche „Religion" und „Nächstenliebe":

Andere wiederum stützen sich hauptsächlich auf die Aussage, dass „Frauen das Wahlrecht nicht wollen".

Betrachten wir diese Punkte in umgekehrter Reihenfolge, beginnend mit dem letzten.

Wir geben zu, dass die Mehrheit der Frauen derzeit nicht bewusst eine Ausweitung ihrer politischen Rechte und Privilegien wünscht, bestreiten jedoch, dass diese Gleichgültigkeit irgendein Beweis dafür ist, dass eine solche Ausweitung wünschenswert ist.

Es ist seit langem anerkannt, dass die Stellung der Frau ein Indikator für die Zivilisation ist. Fortschrittliche Menschen sind stolz auf die Freiheit und Ehre, die ihren Frauen zuteil werden, und unsere Nation glaubt aufrichtig, dass sie in dieser Hinsicht führend ist. „Amerikanische Frauen sind die freiesten der Welt!" wir sagen; und rühme dich damit.

Seit Beginn der Kampagne für die Rechte der Frauen wurden viele Zugeständnisse gemacht, um ihre Lage weiter zu verbessern. Männer, die die Berechtigung bestimmter Forderungen sahen, gewährten in vielen Staaten Privilegien wie die Zulassung zu Schulen, Hochschulen, Universitäten und spezielle Berufsausbildung; Anschließend folgte die Zulassung als Rechtsanwalt, als Kanzel und als Arzt. In vielen Staaten haben verheiratete Frauen mittlerweile Anspruch auf ihr eigenes Einkommen; und in einigen wenigen Fällen haben Mütter das gleiche Recht auf die Vormundschaft für ihre Kinder.

Wir sind stolz und froh, dass unsere Frauen die Freiheit haben, sich zu enthüllen, alleine zu reisen und ihren eigenen Ehemann zu wählen; Wir sind stolz und froh über jede Ausweitung der Gerechtigkeit, die Männer den Frauen bereits gewähren.

Nun: Wurden diese Zugeständnisse gewährt, weil die Mehrheit der Frauen darum gebeten hat? Wurde einer von ihnen entgegengehalten, dass „Frauen es nicht wollten"? Haben jemals so viele Frauen danach gefragt wie jetzt um den Stimmzettel? Wenn es wünschenswert wäre, diese anderen Rechte und Privilegien ohne die Forderung einer Mehrheit zu gewähren, warum ist dann die Forderung einer Mehrheit erforderlich, bevor dieses Recht gewährt wird?

Die Kinderwitwen Indiens forderten nicht einheitlich die Abschaffung des „Suttee".

Die gefolterten Mädchen Chinas erhoben sich nicht in überwältigender Mehrheit, um freie Füße zu fordern; Dennoch würde sich sicherlich niemand weigern, diese Lasten zu tragen, da nur eine Minderheit fortschrittlicher Frauen auf Gerechtigkeit bestand.

Es ist eine soziologische Unmöglichkeit, dass sich die Mehrheit einer unorganisierten Klasse in der gemeinsamen Forderung nach einem Recht, einer Pflicht, die sie nie kannte, zusammenschließt.

Zu entscheiden ist, ob die politische Gleichstellung den Frauen und dem Staat nützt – und nicht, ob beide als Körperschaften dies fordern.

Nun zur „Gesellschaft"-Theorie. Es gibt eine ehrwürdige Fiktion darüber, dass Frauen die „Gesellschaft" gestalten und verwalten. Kein sorgfältiger Student der vergleichenden Geschichte kann diesen Glauben auch nur einen Moment lang vertreten. Unabhängig von den Bedingungen des Zeitalters oder Ortes; industriell, finanziell, religiös, politisch, pädagogisch; diese Bedingungen liegen in den Händen der Menschen; und diese Bedingungen bestimmen die „Gesellschaft" dieses Zeitalters oder Ortes.

„Gesellschaft" ist in einer konstitutionellen Monarchie eine Sache; in einem primitiven Despotismus ein anderer; unter den Millionären ein Drittel; Aber Frauen machen nicht den Despotismus, die Monarchie oder die Millionen aus. Sie nehmen die gesellschaftlichen Bedingungen als von den Menschen geschaffen an, genauso wie sie alle anderen Bedingungen selbst in die Hand nehmen. Sie modifizieren nicht einmal eine bestehende Gesellschaft nach ihren eigenen Interessen, da sie dazu nicht in der Lage sind. Die „Doppelmoral der Moral", die überall in der „Gesellschaft" herrscht, beweist dies; ebenso wie die vergleichsweise Hilflosigkeit von Frauen, selbst gesellschaftliche Unterhaltungen ohne die ständige Anwesenheit und Einladung von Männern zu genießen.

Sogar in seiner großen Funktion der Zurschaustellung, die zur Ehe führt, sind es die Mädchen, die unter strengster Überwachung ausgebildet und zur Schau gestellt werden; während die Männer ein- und ausgehen, nach Belieben und ohne jegliche Überwachung.

Dass ansonsten mächtige Frauen die „Gesellschaft" nutzen könnten, um ihre Ziele voranzutreiben, ist ebenso wahr wie das, was Männer tun; und in England, wo Frauen aufgrund ihrer betitelten und landeseigenen Stellung schon immer über mehr politische Macht verfügten als hier, ist die „Gesellschaft" ein sehr nützliches Vehikel für die Aktivitäten beider Geschlechter.

Aber im Wesentlichen sind die Möglichkeiten der „Gesellschaft" für Frauen lediglich Möglichkeiten, ihren „weiblichen Einfluss" in außerhäuslichen Bereichen zu nutzen – ein sehr fragwürdiger Vorteil für Heim und Familie, für die Mutterschaft, für Frauen oder für den Staat .

In der Religion haben Frauen immer den ihnen zustehenden Platz eingenommen und mehr als ausgefüllt. Unnötig zu sagen , dass es niedrig war. Die Macht der Kirche, ihre gesamte Verwaltung und ihre Bezüge lagen immer in den Händen von Männern, außer wenn die Äbtissin ihre teilweise Herrschaft innehatte; Aber die Arbeit der Kirche wurde immer von Frauen unterstützt – die Männer haben gepredigt und die Frauen praktiziert !

Wohltätigkeit steht als Berufung direkt im Einklang mit dem Mutterinstinkt und hat Frauen schon immer angesprochen. Da wir gelernt haben, wie schädlich diese falsche Freundlichkeit für die wahre soziale Entwicklung ist, könnte man sie fast als krankhaftes Nebenprodukt unterdrückter Weiblichkeit einstufen!

Nebenbei können wir anmerken, dass Nächstenliebe als Tugend in den Nationen und Religionen, in denen Frauen am schlechtesten angesehen werden, an erster Stelle steht. Bei den Moslems ist es ein allgemeines Gesetz – und im muslimischen Paradies gibt es keine Frauen – außer den Houries!

Der Spielplatz einer von Menschen umzäunten „Gesellschaft"; das Arbeitsfeld einer von Menschen gelehrten Kirche; und diese „Osmose" der sozialen Ernährung, dieses Austreten und Versickern von Werten, die normal zirkulieren sollten, genannt Nächstenliebe; Dies ist kein ausreichendes Feld für die Aktivitäten von Frauen.

Versorgung einer Nation oder die Gerechtigkeit einer Zuckersteuer nachzudenken ; Es scheint kaum, dass der Vorwurf ernst genommen werden muss. Doch eine so fähige Frau wie Mrs. Humphry Ward hat es kürzlich mit aller Ernsthaftigkeit vorangetrieben.

Ihrer Ansicht nach sind Frauen in der Lage, kommunale, nicht aber staatliche Angelegenheiten zu regeln. Denn selbst dies wurde ihnen einst verwehrt; und seitdem haben sie in England seit einiger Zeit das kommunale Wahlrecht; es scheint, als würden ihre Fähigkeiten mit der Nutzung wachsen, wie es bei den meisten Fähigkeiten der Fall ist; Das ist in Wahrheit die wahre Antwort.

Die meisten Frauen verbringen ihr ganzes Leben, und das schon seit unzähligen Generationen, mit der beharrlichen und ausschließlichen Betrachtung ihrer eigenen Familienangelegenheiten. Sie sind kurzsichtig bzw. kurzsichtig; Das Problem liegt nicht in der Natur ihres Geistes, sondern in ihrem Gebrauch.

Wenn Männer als Klasse seit Beginn der Geschichte ausschließlich auf den Beruf des Hausdienstes beschränkt gewesen wären, wäre es ebenso unwahrscheinlich, dass sie eine ausgeprägte politische Intelligenz an den Tag legen würden.

Wir können Tennyson zustimmen, dass „die Frau kein unentwickelter Mann ist, sondern vielfältig"; das heißt, *Frauen* sind keine unentwickelten *Männer;* aber die weibliche Hälfte der Menschheit ist ein unentwickelter Mensch. Sie haben ihre weiblichen Funktionen ausgeübt, aber nicht ihre menschlichen Funktionen; Zumindest nicht in vollem Umfang.

Hier zeigt sich eine Unterscheidung, die allgemein anerkannt werden muss.

Wir sind nicht nur männlich und weiblich – das sind alle Tiere – unser Hauptunterschied ist die Rasse, unser Menschsein.

Männliche Eigenschaften teilen wir mit allen Männern, Vögeln und Tieren; weibliche Eigenschaften, die wir in ähnlicher Weise mit allen Frauen teilen; aber menschliche Eigenschaften gehören allein zur *Gattung Homo ;* und werden von beiden Geschlechtern besessen. Ein weibliches Pferd ist genauso ein Pferd wie ein männliches Pferd seiner Art; Ein weiblicher Mensch ist genauso menschlich wie der Mann seiner Spezies – oder sollte es sein!

In den besonderen Funktionen und Beziehungen des Geschlechts gibt es keinen Wettbewerb, keine mögliche Rivalität oder Verwirrung; aber über die allgemeinen Funktionen der Menschheit gibt es große Missverständnisse.

Unser Problem besteht darin, dass wir diese menschlichen Funktionen nicht als solche erkannt haben; nahm aber an, dass sie ausschließlich männlich seien; und auf der Grundlage dieser Idee bemühte er sich, Frauen von einer unnatürlichen Nachahmung von Männern abzuhalten.

Daher diese kleine Theorie über die Grenzen des „weiblichen Geistes".

Der Geist ist in erster Linie menschlich. Der Grad der Gehirnentwicklung, der unsere Spezies auszeichnet, ist ein menschliches und kein Geschlechtsmerkmal.

Möglicherweise gibt es, gab und gibt es immer noch große Unterschiede in unserem Umgang mit den Seelen der beiden Geschlechter. Wir haben ihnen in jeder Hinsicht eine andere Ausbildung, andere Übungen und andere Bedingungen gegeben. Aber alle diese Unterschiede sind äußerlich und ihre Wirkung verschwindet mit ihnen.

Der „weibliche Geist" hat seine mit dem „männlichen Geist" identische Fähigkeit unter Beweis gestellt, *sofern ihm identische Bedingungen gegeben wurden.* Es wird jedoch noch lange dauern, bis die Bedingungen für nachfolgende Generationen so identisch sind, dass sie dem „weiblichen Geist" eine faire Chance geben.

Mittlerweile hat sich der „weibliche Geist" angesichts seiner traditionellen, pädagogischen und assoziativen Nachteile bemerkenswert gut entwickelt.

Der Bereich der Politik ist ein unglücklicher Ort, um diese angebliche Einschränkung zu fordern; denn die Politik ist einer der wenigen Bereiche, in denen einige Frauen unter den gleichen Bedingungen wie Männer erzogen und ausgeübt wurden.

Wir haben Königinnen, solange wir Könige haben, vielleicht sogar länger; und die Geschichte zeigt nicht, dass der männliche Geist bei Königen eine zahlenmäßig proportionale Überlegenheit gegenüber dem weiblichen Geist bei Königinnen gezeigt hätte. Es gab mehr Könige als Königinnen, aber gab es im Verhältnis auch mehr Gute und Große?

Selbst eine praktisch veranlagte und effiziente Königin ist der Beweis dafür, dass die Tatsache, eine Frau zu sein, politische Fähigkeiten nicht ausschließt. Da England seit so langer Zeit eine so fähige Königin hat und Mrs. Humphry Ward sich noch gut daran erinnern kann, erscheint ihre Position äußerst albern.

Es wurde behauptet, dass große Königinnen ihre Macht der Gemeinschaft und dem Rat der edlen und hochgesinnten Männer verdankten, die sie umgaben; und außerdem, dass das schlechte Auftreten vieler Könige auf den Umgang und die Laster der niederträchtigen und niedrig gesinnten Frauen zurückzuführen war, die sie umgaben.

Dies ist zunächst einmal eine besonders kleinmütige Behauptung; ist zweitens nicht beweisbar; und wenn es wahr wäre, eröffnet es drittens ein sehr schönes Studiengebiet. Es scheint, wenn überhaupt, zu beweisen, dass Männern wegen ihrer alarmierenden Affinität zu den schlechtesten Frauen nicht die politische Macht zugetraut werden kann; und umgekehrt, dass Frauen, da sie über die Unterstützung der besten Männer verfügen, offensichtlich die richtigen Herrscher sind! Außerdem eröffnet es einen angenehmen Einblick in das oft empfohlene Werkzeug – den „weiblichen Einfluss".

Wir kommen nun zu unserem einleitenden Einwand; dass Gesellschaft und Staat, Heim und Familie durch die gegenwärtige Interessenteilung am besten gedient sind; und daraus folgt, dass eine Ausweitung dieses Interessengebiets ihre Nützlichkeit in ihrem gegenwärtigen Bereich verringern würde.

Die Folgerung lässt sich leicht entfernen. Wir befinden uns jetzt auf dem breiten Boden der festgestellten Tatsachen; der Geschichte, neu, aber immer noch erreicht.

Frauen haben an mehreren Orten seit geraumer Zeit die gleichen politischen Rechte wie Männer. In Wyoming genießen sie diesen Status schon seit mehr als einer Generation. Weder hier noch in irgendeinem anderen Staat oder Land, in dem Frauen wählen, gibt es den geringsten Beweis für eine Schädigung des häuslichen oder familiären Verhältnisses. In Wyoming ist die Zahl der Scheidungen tatsächlich zurückgegangen, während sie an anderen Orten so schnell zunimmt.

Politisches Wissen, politisches Interesse nehmen nicht mehr Zeit und Kraft in Anspruch als jede andere Form geistiger Aktivität; es schließt auch eine ausgeprägte Effizienz in anderen Bereichen nicht aus; Und was die tatsächliche Zeit angeht, die für die Erfüllung der durchschnittlichen Pflichten der Staatsbürgerschaft erforderlich ist – es ist eine verachtenswerte Argumentation, wenn nicht gar reine Ignoranz und Ideenverwirrung, die gelegentliche Teilnahme an politischen Versammlungen oder der jährlichen oder halbjährlichen Veranstaltung zu fordern Unterlassung eines Stimmzettels sowie jegliche Beeinträchtigung der Verwaltung eines Hauses.

Es ist durch jahrelange Erfahrung bewiesen, dass Frauen die volle politische Gleichberechtigung genießen und ihre Macht ausüben können, ohne im geringsten aufzugeben, zufriedene und effiziente Ehefrauen und Mütter, Köchinnen und Haushälterinnen zu sein.

Was die Öffentlichkeit beim Gedanken an Frauen in der Politik wirklich entsetzt, ist das Bild der Frau als „praktische Politikerin"; Sie widmete ihr die Zeit als Geschäft und verdiente damit Geld, auf fragwürdige oder unbestreitbare Weise; und darüber hinaus als amtierender Politiker, als Sheriff, Stadtrat, Senator, Richter.

Das allgemeine Gemüt wird bei der ersten Idee von Entsetzen erfüllt, und kaum weniger bei der zweiten. Es zeigt die errötende Mädchenzeit auf der

Bank; zärtliche Mutterschaft im Senat; die Hausfrau wurde zum „Ward-Heeler"; und es wird ihm ganz schlecht, wenn er an diese Abscheulichkeiten denkt.

Kein gebildeter Geist, kein praktischer Geist, kein Geist, der fähig und willens ist, seine Fähigkeiten zu nutzen, muss sich auch nur einen Moment von diesen Sophisten irreführen lassen.

Es gibt absolut keine Beweise dafür, dass sich Frauen als Klasse in die „praktische Politik" stürzen werden. Dort, wo sie am längsten gewählt haben, zeigen sie dieses schreckliche Ergebnis nicht. Es gibt auch keinen Beweis dafür, dass sie alle ein Amt anstreben; oder dass ein beträchtlicher Teil von ihnen dies tun wird; oder dass sie es bekommen würden, wenn sie es täten.

Wir scheinen unbewusst davon auszugehen, dass die Männer aufhören werden, wenn Frauen anfangen zu wählen; oder dass die Frauen den Männern zahlenmäßig überlegen sein werden; auch , dass sie, wenn sie ihnen zahlenmäßig überlegen sind, in ihrer Abstimmung vollkommen einig sein werden; Und darüber hinaus werden sie in ihrer zahlenmäßigen Überlegenheit und Einigkeit entschieden für eine Kandidatur stimmen, die ausschließlich aus weiblichen Kandidaten besteht.

Glaubt irgendjemand ernsthaft, dass dies wahrscheinlich ist?

Dies kann mit Sicherheit gesagt werden; wenn wir jemals eine kluge, designorientierte, kokette, männerverdrehende Frau sehen; oder ein hübsches, charmantes, unwiderstehliches junges Mädchen, das in ein Amt gewählt wird – es wird nicht durch die Stimmen von Frauen geschehen!

Wenn Frauen durch die Stimmen von Männern und Frauen in ein Amt gewählt werden, müssen sie über das entsprechende Alter und die entsprechenden Fähigkeiten verfügen und ihre Arbeit gut verrichten. Sie haben bereits einige Bedingungen in der Kommunalpolitik erheblich verbessert, und die von ihnen befürwortete Gesetzgebung hat einen förderlichen Charakter.

Welches ist das wahre Verhältnis der Frauen zum Staat?

Es ist genau identisch mit dem der Männer. Ihre Dienstformen mögen unterschiedlich sein, aber ihre Pflicht, ihr Interesse und ihre Verantwortung sind dieselben.

Hier sind die Menschen auf der Erde, die Hälfte davon Frauen, alle ihre Kinder. Es ist ebenso ihre Erde wie seine; das Volk ist sein Volk, der Staat sein Staat; zusammengesetzt aus allen, in angemessener Relation.

Als Vater und Mutter zusammen; ihre Kinder zu Hause beherbergen, bewachen, unterrichten und versorgen; Das sollten auch alle Väter und

Mütter gemeinsam tun. Sie beherbergen, bewachen, unterrichten und versorgen ihre gemeinsamen Kinder, die Gemeinschaft.

Der Staat ist kein Geheimnis; kein Tabu für männliche Geheimhaltung; es sind einfach wir.

Die Demokratie ist noch ein halbwüchsiges Kind, eins von Zwillingen? Seine Jungenhälfte kämpft mit den „Krankheiten des Säuglingsalters"; Die Mädchenhälfte hat kaum begonnen, davon Notiz zu nehmen.

Als menschliche Geschöpfe haben wir genau die gleichen Pflichten und Privilegien, Interessen und Macht im Staat; seinen Schutz, seine Vorteile und seine Dienste teilen. Als Frauen haben wir ein anderes Verhältnis.

Hier werden wir in der Tat unsere „Vielfalt" zugeben und uns ihrer rühmen. Das „Ewige Weibliche" ist im Staat eine weitaus nützlichere Sache als das „Ewige Männliche".

Frau zu sein bedeutet, Mutter zu sein. Mutter zu sein bedeutet, Liebe, Schutz, Nahrung, Fürsorge und Unterweisung zu geben. Zu lange, viel zu lange hat die Mutterschaft ihre wirklichen sozialen Pflichten, ihre Pflichten gegenüber der gesamten Menschheit, vernachlässigt. Sogar in ihrer Position der zurückgebliebenen industriellen Entwicklung leistet die Frau als Haushälterin und Hausangestellte der Welt einen besonderen Beitrag zum Staat.

Als liebevolle Mutter, geduldige Lehrerin, zärtliche Krankenschwester, weise Versorgerin und Betreuerin kann sie dem Staat dienen, und der Staat braucht ihren Dienst.

XIII. INDUSTRIE UND WIRTSCHAFT.

Der Wald der Wahrheit zum Thema Industrie und Wirtschaft ist aufgrund der Bäume schwer zu erkennen.

Wir haben so viele Fakten zu diesem Thema; so viele Meinungen; so viele Traditionen und Gewohnheiten; und der Druck unmittelbarer Schlussfolgerungen lastet so stark auf uns allen; dass es nicht einfach ist, im Kopf einen klaren Raum zu schaffen und das Feld fair zu betrachten.

Möglicherweise wird die gegenwärtige Behandlung des Themas diejenigen am meisten ansprechen, die am wenigsten davon wissen; wie die durchschnittliche Frau. Fleiß ist für sie eine tages- und lebenslange Pflicht sowie ein natürlicher Impuls; und Ökonomie bedeutet, auf Dinge zu verzichten. Solchen ungeübten, aber auch unvoreingenommenen Geistern sollte es leicht sein, die wichtigsten Fakten in dieser Hinsicht aufzuzeigen.

Lassen Sie uns zunächst die Wirtschaftswissenschaften abschaffen, da sie einen feierlichen wissenschaftlichen Anschein haben.

Die Physikalische Ökonomie befasst sich mit den inneren Angelegenheiten des Körpers; die gesamte Maschinerie und wie sie funktioniert; alle Organe, Mitglieder, Funktionen; Jede letzte und kleinste Kapillare und jeder Leukozyten sind Teile dieser „Wirtschaft".

Die „Wirtschaft" der Natur ist keineswegs „wirtschaftlich". Die Verschwendung von Leben, die Verschwendung von Material, die Verschwendung von Zeit und Mühe sind ungeheuerlich, doch wie wir sehen, erreicht sie ihr Ziel.

Die Hauswirtschaft umfasst die gesamte Pflege und Verwaltung des Haushalts; die Aufrechterhaltung von Frieden, Gesundheit, Ordnung und Moral; die Betreuung und Ernährung der Kinder, soweit sie zu Hause erfolgt; die gesamte Verwaltung des Hauses sowie das Ausgeben und Sparen von Geld; sind darin enthalten. Sparen ist der kleinste und ärmste Teil davon; vor allem im bloßen Verzicht auf notwendige Dinge; vor allem, wenn diese Abstinenz hauptsächlich „Mutters" ist. Wie man am besten Geld ausgibt; Zeit, Kraft, Liebe, Fürsorge, Arbeit, Wissen und Geld – das sollte das Hauptstudium in der Binnenwirtschaft sein.

Die Sozial- oder, wie sie es nennen, politische Ökonomie deckt ein größeres, aber nicht wesentlich anderes Feld ab. Eine Familie besteht aus Menschen, und die Mutter ist ihre natürliche Managerin. Die Gesellschaft besteht aus Menschen – *denselben Menschen* – nur noch mehr. Alle Menschen, die Mitglieder der Gesellschaft sind, sind auch Familienmitglieder – außer vielleicht einigen ausgebrüteten Waisenkindern. Die Sozialökonomie umfasst die gesamte Fürsorge und Verwaltung der Menschen, die Aufrechterhaltung von Frieden, Gesundheit, Ordnung und Moral. die Betreuung von Kindern, soweit sie außerhäuslich erfolgt; sowie das Ausgeben und Sparen öffentlicher Gelder – all das ist darin enthalten.

Aus diesem Grund wird dieses große Geschäft der Sozialökonomie derzeit wenig verstanden und am schlechtesten verwaltet; wir nähern uns der Sache aus individueller Sicht; Wir streben nicht so sehr danach, unseren Anteil am Gemeinwohl zu leisten, sondern vielmehr danach, unseren persönlichen Gewinn aus dem gemeinsamen Reichtum zu ziehen. Wo die ganze Familie zusammenarbeitet, um Obst zu ernten und für den Winter aufzubewahren, haben wir eine legitime Hauswirtschaft; wo aber ein Mitglied viel für sich nimmt und versteckt, unter Ausschluss der anderen, haben wir überhaupt keine Hauswirtschaft – nur individueller Egoismus.

In der Sozialökonomie haben wir ein großes, aber einfaches Problem. Hier ist die Erde, unser Bauernhof. Hier sind die Menschen, denen die Erde gehört. Wie kann mit der geringsten Arbeit der größtmögliche Nutzen für die meisten Menschen aus der Erde gezogen werden? Das ist das Problem der Sozialökonomie.

Wenn wir die Welt betrachten, als ob wir sie in unseren Händen halten würden, um sie zu studieren und zu diskutieren, was finden wir heute?

Wir stellen fest, dass Menschen an manchen Orten zu dicht bewohnt sind, um gesund und wohl zu sein, und an anderen zu dünn; wir finden, dass die meisten Menschen zu hart und zu lange an ehrlicher Arbeit arbeiten; manche Menschen arbeiten mit schädlicher Intensität und unehrlicher Arbeit; und ein paar elende Arme unter den Reichen und Armen, degenerierte Faulenzer, die überhaupt nicht arbeiten, der Abschaum und der Abschaum der Gesellschaft.

Das alles ist eine schlechte Ökonomie. Wir können aus dem Leben nicht den Trost ziehen, den wir ohne weiteres erreichen könnten; und arbeiten viel zu hart für das, was wir bekommen. Darüber hinaus gibt es keinen Frieden, keine feste Sicherheit. Kein Mensch ist sich seines Lebensunterhalts sicher, egal wie hart er arbeitet, es können tausend Dinge passieren, die ihn seiner Arbeit oder seines Einkommens berauben. Heutzutage herrscht in dieser Studienrichtung große Aufregung; und mehr als ein Vorschlag wird vorgebracht, mit dem wir uns verbessern können, am bemerkenswertesten ist der weltumspannende Fortschritt des Sozialismus.

In unserer vorliegenden Studie geht es vor allem um den Einfluss einer männlichen Kultur auf Sozialökonomie und Industrie.

Die Industrie als Abteilung der Sozialökonomie wird kaum verstanden. Bisher haben wir dieses Gebiet von mehreren völlig falschen Standpunkten aus betrachtet. Aus der hebräischen (und gänzlich androzentrischen) Religionslehre geht hervor, dass wir Arbeit als einen Fluch betrachtet haben.

Nichts könnte absurder falsch sein. Arbeit ist nicht nur ein Mittel zur Erhaltung des menschlichen Lebens – sie *ist* menschliches Leben. Stellen Sie sich eine Rasse von Wesen vor, die ohne Arbeit leben! Sie müssen die unhöflichsten Wilden sein.

Die menschliche Arbeit besteht in der spezialisierten Industrie und dem Austausch ihrer Produkte; und ohne sie gibt es keine Zivilisation. Mit der Entwicklung der Industrie entwickelt sich auch die Zivilisation. Frieden breitet sich aus; der Wohlstand nimmt zu; Wissenschaft und Kunst tragen zum großartigen Gesamtergebnis bei. Die produktive Industrie und die damit einhergehende Vertriebsindustrie decken den größten Bereich des menschlichen Lebens ab.

Wenn unsere Branche normal wäre, was sollten wir sehen?

Eine Welt voller gesunder, glücklicher Menschen; Jeder beschäftigt sich eifrig mit dem, was ihm oder ihr am meisten Spaß macht. Die normale Spezialisierung geht, wie alle unsere freiwilligen Prozesse, mit großer Freude einher; und jede Kontrolle oder Unterbrechung verursacht Schmerzen und Verletzungen. Wer das tut, was er liebt, dem geht es gut und er ist glücklich. Wer etwas tut, was er nicht liebt, ist krank und elend. Es ist eine sehr schlechte Ökonomie, unwillige Industrien zu zwingen. Das ist die Schwäche der Sklavenarbeit; und der Lohnarbeit auch dort, wo es keine umfassende industrielle Ausbildung und Wahlfreiheit gibt.

gut entwickelte, gut ausgebildete Spezialisten sehen, die sich gerne der Arbeit widmen, die ihnen am meisten Spaß macht; für angemessene Stunden (jede Arbeit oder Freizeit wird schädlich, wenn sie zu lange verrichtet wird); und infolgedessen würde die gesamte Produktion der Welt erheblich verbessert werden, nicht nur quantitativ, sondern auch qualitativ.

Klar sind die traurigen Fakten dessen, was wir sehen. Auf diese erbärmliche Vorstellung von Arbeit als Fluch folgt die sehr alte und androzentrische Angewohnheit, sie als eine Sache der Frauen und dann der Sklaven zu verachten.

Tatsächlich ist die Industrie in ihrem Ursprung weiblich ; das heißt, mütterlicherseits. Es ist die überfließende Quelle der Mutterliebe und der Mutterkraft, die die Menschheit zunächst zur Arbeit anregt; und lange Zeit übten die Menschen überhaupt keine produktive Industrie aus; Sie sind lediglich Jäger und Kämpfer.

Es ist dieser Mangel an natürlichem Arbeitsinstinkt beim Mann unserer Spezies, zusammen mit den auf diesem Mangel basierenden Ideen und

Meinungen, die er in seinen zahlreichen religiösen und anderen Schriften geäußert hat, die der Welt ihre falsche Einschätzung gegeben haben diese großartige Funktion, menschliche Arbeit. Das, was unser eigentliches Leben, unsere größte Freude, unser Weg zu allem Fortschritt ist, haben wir verachtet und unterdrückt; so dass vom „arbeitenden Volk", den „arbeitenden Klassen", „arbeiten müssen" usw. bis heute mit Verachtung gesprochen wird. Vielleicht sprechen Drohnen untereinander so von den „Arbeitsbienen"!

Wenn wir uns vom sorgfältigen und großzügigen Dienst der Mutter in der Familie auf den sorgfältigen, großzügigen Dienst in der Welt erstrecken, sollten wir normalerweise feststellen, dass die Arbeit freiwillig, mit Liebe und Stolz geleistet wird.

Auf ungewöhnliche Weise, niedergedrückt unter der Last androzentrischer Verachtung und Vorurteilen, haben wir Arbeitskräfte, die widerwillig unter dem Druck der Notwendigkeit produziert werden; Arbeit von Sklaven aus Angst vor der Peitsche oder von Lohnsklaven, eine Stufe höher, aus Angst vor Not. Lange Zeiten, in denen Jagd und Kampf die einzigen männlichen Beschäftigungen waren, haben tiefe Spuren hinterlassen. Der Raubtierinstinkt und der Kampfinstinkt belasten und entstellen unsere wirtschaftliche Entwicklung. Was Veblen „den Instinkt der Kunstfertigkeit" nennt, wächst langsam und unaufhaltsam weiter ; Aber die bösartigen Merkmale unseres industriellen Lebens sind eindeutig androzentrisch: der Wunsch des Jägers, etwas zu bekommen; den Wunsch der Mutter zu geben beeinträchtigen; der Wunsch, einen Antagonisten zu überwinden – ursprünglich männlich, der dem Wunsch zu dienen und zu nützen – ursprünglich weiblich, im Wege steht.

Lassen Sie den Leser bedenken, dass Männer als Menschen in der Lage sind, ihre männliche Natur zu überleben und der Welt edle Dienste zu leisten; auch , dass sie heute als Menschen weitaus weiter entwickelt sind als Frauen und viel mehr für die Welt tun. Der Punkt, der hier hervorgehoben wird, ist, dass ihre unkontrollierte Vorherrschaft als Männer zu einer abnormalen Dominanz männlicher Impulse in unseren menschlichen Prozessen geführt hat; und dass diese Vorherrschaft weitgehend schädlich war.

Tatsächlich entsprechen die ausgeprägt weiblichen oder mütterlichen Impulse weit mehr dem menschlichen Fortschritt als die des Mannes; was ihren Ausschluss von menschlichen Funktionen umso schädlicher macht.

Unsere aktuellen Lehren in der jungen Wissenschaft der politischen Ökonomie sind naiv männlich. Sie gehen unbestreitbar davon aus, dass „der Wirtschaftsmensch" niemals etwas tun wird, es sei denn, er muss es tun; wird es nur tun, um dem Schmerz zu entkommen oder Freude zu erlangen; und wird unweigerlich alles nehmen, was er bekommen kann, und alles tun, um seinen Gegner zu überlisten, zu überwinden und wenn nötig zu zerstören.

Immer der Antagonist; Für den männlichen Geist ist ein Antagonist unerlässlich für den Fortschritt, für jede Errungenschaft. Er hat diesen Wurzelgedanken in der gesamten menschlichen Welt gepflanzt; von dieser alten, abscheulichen Vorstellung von Satan, dem „Gegner", bis hin zum Konkurrenten im Geschäftsleben oder dem Jungen an der Spitze der Klasse, der von einem anderen abgelöst werden soll.

Daher ist auch in der Wissenschaft der „Kampf ums Dasein" das vorherrschende Gesetz – für den männlichen Geist, mit dem „Überleben des Stärkeren" und „der Eliminierung des Untauglichen".

Deshalb finden wir in Industrie und Wirtschaft immer und überall den Antagonisten; die Notwendigkeit, dass jemand oder etwas überwunden werden muss – warum sollte man sich sonst eine Mühe machen? Wenn Sie nicht den Anreiz zur Belohnung oder zum Kampf haben, warum sollten Sie dann arbeiten? „Wettbewerb ist das Leben des Handels."

So der Wirtschaftsmensch.

Aber wie wäre es mit der Wirtschaftsfrau?

Für den androzentrischen Geist existiert sie nicht. Frauen sind Frauen, und das ist alles; Ihre Arbeitsfähigkeit beschränkt sich auf die persönliche Betreuung.

Dass es möglich wäre, die Industrie zu weit größeren Höhen zu entwickeln und in der Sozialökonomie einen einfachen und nützlichen Prozess zur Förderung des menschlichen Lebens und des Wohlstands zu finden, und zwar unter einem anderen Impuls als diesen beiden, dem Verlangen und dem Kampf, ist in der Tat schwer zu erkennen – für den „männlichen Geist".

Unsere bestehenden Vorstellungen von Männlichkeit und Menschlichkeit sind so eng miteinander verwoben, wir sind uns so sicher, dass Männer Menschen und Frauen nur Frauen sind, dass der Anspruch der weiblichen Instinkte und Methoden auf gleiches Gewicht und gleiche Würde in menschlichen Angelegenheiten als absurd angesehen wird. Wir finden, dass die bestehende Industrie fast ausschließlich in männlicher Hand ist; finde, dass es so gemacht wird, wie Männer es tun; gehe davon aus, dass es so gemacht werden muss.

Wenn Frauen vorschlagen, dass es auch anders gemacht werden könnte, wird ihr Vorschlag abgewiesen – sie seien „nur Frauen" – ihre Ideen seien „weiblich".

Vereinbart. So sind Männer „nur Männer", ihre Ideen sind „männlich"; und von den beiden sind die Frauen wesentlich menschlicher als die Männer.

Das Weibchen ist der Rassentyp – der Mann die Variante.

Das Weibchen als Rassetyp hat außerdem die weiblichen Fortsätze; Führt die Rennprozesse am besten durch. Das Männchen hat sie jedoch mit großer Mühe entwickelt, da es durch seine Männlichkeit stets stark behindert ist; Es ist ursprünglich im Wesentlichen ein Geschöpf der Sexualität und wird daher fast ausschließlich von sexuellen Impulsen dominiert.

Der menschliche Instinkt des gegenseitigen Dienens wird durch den männlichen Instinkt des Kampfes kontrolliert; Die menschliche Tendenz, sich auf die Arbeit zu spezialisieren, freudig Kraft in Linien spezialisierten Ausdrucks zu stecken, wird durch den räuberischen Instinkt unterdrückt, der sich nach Belohnung strebt; und entstellt durch den männlichen Instinkt des Selbstausdrucks, der etwas völlig anderes ist als die große menschliche Ausgießung der Weltkraft.

Große Männer, die Lehrer und Führer der Welt, sind großartig in ihrer Menschlichkeit; Bloße Männlichkeit führt nicht zu Größe, es sei denn im Krieg – ein nachteiliger Ruhm! Große Frauen müssen auch menschlich groß sein; aber ihre weiblichen Instinkte beeinträchtigen den menschlichen Fortschritt nicht so stark wie die männlichen Instinkte. Lehrerin und Anführerin zu sein, zu lieben und zu dienen, zu beschützen, zu führen und zu helfen, steht im Einklang mit der Mutterschaft.

„Sind sie nicht auch im Einklang mit der Vaterschaft?" wird gefragt; und: „Sind die väterlichen Instinkte des Vaters nicht männlich?"

Nein sind sie nicht; sie unterscheiden sich in keiner Weise von den mütterlichen, sofern sie nützlich sind. Elternfunktionen der höheren Art, der menschlichen Art, sind identisch. Der Vater kann seinen Kindern viele Vorteile verschaffen, die die Mutter nicht kann ; aber das liegt an seiner Überlegenheit als Mensch. Er besitzt weitaus mehr Wissen und Macht in der Welt, der menschlichen Welt; er selbst ist in den menschlichen Kräften und Prozessen weiter entwickelt; und kann daher viel für seine Kinder tun, was die Mutter nicht kann ; aber das liegt keineswegs an seiner Männlichkeit. In dieser Entwicklung menschlicher Kräfte im Menschen durch die Vaterschaft können wir die Erklärung für unsere kurze Zeit androzentrischer Kultur lesen.

Eine so gründliche und vollständige Umkehrung des vorherigen Verhältnisses, eine solche Fortsetzung dessen, was in jeder Hinsicht unnatürlich erscheint, musste eine gewisse Rechtfertigung in Rassenvorteilen gehabt haben, sonst hätte sie nicht Bestand haben können. Das ist seine Rechtfertigung; die Etablierung der Menschlichkeit im Mann; Er wird auf natürliche Weise durch die Ausübung zuvor bestehender Wünsche dorthin geführt.

In einer männlichen Kultur müssen die anziehenden Kräfte, wie wir gesehen haben, zwangsläufig Verlangen und Kampf gewesen sein. Diese männlichen Kräfte, die auf menschliche Prozesse einwirken, waren zwar für die Erhebung des Menschen notwendig, waren aber alles andere als erhebend für die Zivilisation. Ein Geschlecht, das im Kampf denkt, fühlt und handelt, lässt sich nur schwer in die reibungslosen Bande menschlicher Beziehungen integrieren; Dass ihnen das so gut gelungen ist, ist ein schöner Beweis für die Überlegenheit der Rassentendenz gegenüber der Geschlechtstendenz. Vereinigen und Organisieren, grob und vorübergehend, für die gemeinsame Jagd; und dann, mit fortschreitender Ausarbeitung, für den gemeinsamen Kampf; Sie wenden jetzt bei der gemeinsamen Arbeit die gleichen Taktiken – und leider auch die gleichen Wünsche – an.

Gewerkschaft, Organisation, komplexe Interdienstleistung sind die wesentlichen Prozesse einer wachsenden Gesellschaft; In ihnen, in der ständig zunehmenden Machtentfaltung entlang immer breiterer Aktionslinien, liegt die Freude und Gesundheit des gesellschaftlichen Lebens. Aber bisher schließen sich Männer zusammen, um besser kämpfen zu können; Der gegenseitige Dienst war Teil des gemeinsamen Ziels von Eroberung und Plünderung.

Trotzdem entwickelt die überwältigende Macht des Menschen heute unter den modernen Menschen gewaltige Organisationen von durch und durch wohltuendem Charakter, die keinen Zweck, sondern nur gegenseitigen Nutzen verfolgen. Das ist wahres menschliches Wachstum und wird als solches unweigerlich die geschlechtsvoreingenommenen früheren Prozesse ersetzen.

Der menschliche Charakter der christlichen Religion wird immer mehr betont; die praktische Liebe und der Dienst eines jeden Einzelnen; anstelle des alten Beharrens auf dem Verlangen – nach einer Krone und Harfe im Himmel und Kampf – mit diesem ewigen Gegner.

In der Wirtschaft vollzieht sich dieser große Wandel rasant vor unseren Augen. Es ist eine Änderung der Idee, des Grundkonzepts, unserer Theorie darüber, worum es bei der ganzen Sache geht. Wir fangen an, die Welt nicht mehr als „ein faires Feld ohne Gunst" zu sehen – nicht als einen Ort, an dem sich ein Mann um einen Preis über andere hinwegsetzen kann; sondern als eine uns gehörende Einrichtung, deren Erlöse selbstverständlich zum menschlichen Nutzen verwendet werden sollen.

In der alten Idee, der völlig männlichen Idee, die auf den Prozessen des Sexkampfs basierte, lag der Vorteil der Welt darin, dass „der beste Mann gewinnt". Einige denken noch immer so, wenn sie sich gerade in den ersten Schritten der Begeisterung für die Eugenik befinden; Man stellt sich vor, dass der ursprüngliche Prozess der Förderung der Evolution durch die Vaterschaft des erobernden Mannes der beste Prozess ist.

Es ist in Ordnung, wenn ein überlegener Löwe sechs oder sechzig unterlegene Löwen tötet und einen Nachkommen überlegenerer Löwen hinterlässt – für Löwen; Die Überlegenheit im Kampf ist die einzige Überlegenheit, die sie brauchen.

Aber der Mann, der in der Lage ist, seine Gefolgsleute zu überlisten, sie im physischen Kampf zu vernichten oder im finanziellen Ruin zu ruinieren, ist daher kein überlegenes menschliches Geschöpf. Selbst körperliche Überlegenheit als Kämpfer beweist nicht die Art von Kraft, die am besten dazu geeignet ist, Krankheiten zu widerstehen oder sich an veränderte Bedingungen anzupassen.

Dass unsere männliche Kultur in ihrer Wirkung auf Wirtschaft und Industrie schädlich ist, zeigt die gesamte offene Seite der Geschichte deutlich. Ausgehend von den einfachen wohltätigen Aktivitäten einer matriarchalen Zeit folgen wir denselben beklagenswerten Schritten; Nation für Nation. Frauen werden versklavt und Gefangene werden versklavt; es entwickelt sich ein militärischer Despotismus; Arbeit wird verachtet und entmutigt. Wenn uns dann die unwiderstehlichen gesellschaftlichen Kräfte in Wissenschaft, Kunst, Handel und allem, was wir Zivilisation nennen, voranbringen, stellen wir fest, dass dieser Fortschritt immer von derselben Hemmung beeinträchtigt wird; und die wirklich lebenswichtigen gesellschaftlichen Produktions- und Verteilungsprozesse werden durch den finanziellen Kampf und das Gemetzel, das immer wieder über und unter ihnen tobt, schwer geschädigt.

Die wirkliche Entwicklung der Menschen, die Bildung eines feineren Körpers, eines feineren Geistes, ein höheres Maß an Leistungsfähigkeit, ein breiteres Spektrum an Freude und Leistung – wird durch diesen künstlich aufrechterhaltenen „Kampf ums Dasein", dieses ständige Bemühen um Beseitigung, behindert und nicht gefördert was aus männlicher Sicht „ungeeignet" ist.

Dass wir so weit fortgeschritten sind, dass wir jetzt so schnell vorankommen, liegt trotz und nicht wegen unserer androzentrischen Kultur.

XIV. EINE MENSCHLICHE WELT.

Worauf können wir uns im Wandel von der Dominanz eines Geschlechts zur Gleichberechtigung zweier Geschlechter freuen? Welche Auswirkungen auf die Zivilisation sind von der Gleichberechtigung der Frau in der Menschheit zu erwarten?

Um die natürlichste Frage zuerst zu stellen: Was werden die Menschen dadurch verlieren? Viele Männer sind darüber wirklich besorgt; aus Angst vor einer neuen Position der Unterwürfigkeit und Respektlosigkeit. Andere lachen über die bloße Idee, ihre Position zu ändern, und verlassen sich wie immer auf die schwerere Faust. Solange der Kampf der entscheidende Prozess war, musste der beste Kämpfer unbedingt gewinnen ; Aber in der Neuordnung der Prozesse, die unser Zeitalter kennzeichnet, macht überlegene körperliche Stärke die Ärmeren nicht reich, noch nicht einmal den Soldaten zum General.

Die wichtigsten Prozesse des heutigen Lebens liegen ganz in der Macht von Frauen; Frauen erfüllen ihre neuen Beziehungen immer erfolgreicher; Neue Kraft sammeln, neues Wissen, neue Ideale. Der Wandel steht vor der Tür; Was wird es mit Männern machen?

Keinen Schaden.

Da wir eine monogame Rasse sind, wird es keine so drastische und grausame Selektion unter konkurrierenden Männern geben, die die überwiegende Mehrheit als untauglich ausschließen würde. Auch wenn einige als ungeeignet für die Vaterschaft gelten, steht ihnen das gesamte menschliche Leben offen. Das vielleicht wichtigste Merkmal dieser Änderung kommt hier zum Tragen; entlang dieser alten Linie der Geschlechterselektion, um diese Macht in die richtigen Hände zu legen und sie zum Wohle der Rasse zu nutzen.

Die Frau, die endlich frei und intelligent ist und ihren wahren Platz und ihre Verantwortung im Leben als Mensch erkennt, wird als Mutter nicht weniger, sondern effizienter sein. Sie wird verstehen, dass Mutterschaft in der physischen Evolution der höchste Prozess ist; und dass ihre Arbeit als Beitrag zu einer verbesserten Rasse immer diese großartige Funktion beinhalten muss. Sie wird erkennen, dass die richtige Abstammung der Zweck des gesamten Schemas der Geschlechtsbeziehung ist, und entsprechend handeln.

In unserer Zeit, in der seine menschlichen Fähigkeiten ausreichend entwickelt sind, kann der zivilisierte Mensch über seine sexuellen Beschränkungen hinwegsehen und beginnen, die wahren Zwecke und Methoden des menschlichen Lebens zu erkennen.

Er beginnt nun zu begreifen, dass seine eigene beherrschende Notwendigkeit des Verlangens nicht *die* beherrschende Notwendigkeit der Abstammung ist, sondern nur eine beitragende Tendenz; und dass im Interesse einer besseren Abstammung die Mutterschaft der dominierende Faktor ist und als solche berücksichtigt werden muss.

In langsamem, widerstrebendem Eingeständnis dieser Tatsache hat der Mann bisher eine Klasse von Frauen als Mütter anerkannt; und hat ihnen als solche ein unterschiedliches Maß an Gegenleistung gewährt ; aber er hat nichtsdestotrotz darauf bestanden, eine andere Klasse von Frauen zu erhalten, die die Mutterschaft verboten haben und lediglich seinen Wünschen unterworfen sind; eine unfruchtbare, schelmische, unnatürliche Beziehung, die völlig außerhalb der elterlichen Absichten liegt und absolut schädlich für die Gesellschaft ist. Dieser ganze Bereich krankhafter Wirkungen wird durch die normale Entwicklung der Frau aus dem menschlichen Leben ausgelöscht.

Es geht nicht darum, Menschen zu stören oder zu bestrafen; Noch weniger geht es darum, Frauen zu stören oder zu bestrafen; sondern lediglich eine Frage der veränderten Bildung und Chancen für jedes Kind.

Jedem Einzelnen soll die wahre Natur und der Zweck der Mutterschaft beigebracht werden; die wahre Natur und der Zweck der Männlichkeit; wozu jeder dient und was wichtiger ist. Ein neues Gefühl für die Macht und den Stolz der Frau wird erwachen; eine Frau, die nicht länger in der hilflosen Abhängigkeit von Männern versinkt; nicht mehr nur auf unbezahlte Hausdienste beschränkt; nicht länger geblendet von der falschen Moral, die sogar die Mutterschaft der Dominanz des Mannes unterwirft; sondern eine Frau, die ihre überragende Verantwortung gegenüber der Menschheit erkennt und ihr gerecht wird. Dann werden bei allem normalen und richtigen Wettbewerb zwischen Männern um die Gunst der Frauen diejenigen ausgewählt, die am besten für die Vaterschaft geeignet sind. Diejenigen, die nicht auserwählt sind, werden notgedrungen Single leben.

Viele werden aufgrund der alten falschen Vorstellung von der „gesellschaftlichen Notwendigkeit" der Prostitution gegen die Idee ihrer Ausrottung protestieren.

„Es ist notwendig, es zu haben", werden sie sagen.

„Notwendig *für wen?* "

Sicherlich nicht für die Frauen, die ihr grauenhaft geopfert wurden.

Nicht für die Gesellschaft, die aufgrund dieser Ursache von Krankheiten durchzogen ist.

Nicht für die Familie, die dadurch geschwächt und verarmt wird.

An wen dann? An die Männer, die es wollen?

Aber es ist nicht gut für sie, es fördert alle Arten von Krankheiten, Lastern und Verbrechen. Es handelt sich absolut und unbestreitbar um ein „soziales Übel".

Eine intelligente und kraftvolle Weiblichkeit wird diesem Genuss des einen Geschlechts auf Kosten des anderen ein Ende setzen; und zur Verletzung beider.

In dieser unvermeidlichen Veränderung liegt das, was manche Männer als Verlust betrachten werden. Aber nur die der heutigen Generation. Denn die Söhne der Frauen, die jetzt in diese neue Ära des Weltlebens eintreten, werden anders erzogen werden. Sie werden die wahre Beziehung der Menschen zum Urprozess erkennen; und staunen, dass die größeren Werte so lange zugunsten der kleineren aus den Augen verloren wurden.

Diese eine Änderung wird mehr dazu beitragen, die körperliche Gesundheit und Schönheit der Rasse zu fördern; Die Qualität der geborenen Kinder sowie die allgemeine Kraft und Reinheit des gesellschaftlichen Lebens zu verbessern, ist größer als jede andere Maßnahme, die vorgeschlagen werden könnte. Es beruht auf der Anerkennung der Mutterschaft als der wahren Grundlage und Ursache der Familie; und verwirft die falsche hebräische und grob androzentrische Lehre, dass die Frau dem Mann unterworfen sein soll und dass er über sie herrschen soll, in die Schwebe allen überholten Aberglaubens. Er hat dieses Arrangement lange genug ausprobiert – zum schmerzlichen Schaden für die Welt. Das Ergebnis wird ein höherer Grad an Glück sein; Gleichheit und gegenseitiger Respekt zwischen den Eltern; reine Liebe, unbefleckt von Eigeninteressen auf beiden Seiten; und ein neuer Respekt vor der Kindheit.

Mit dem Kind, das endlich als das bestimmende Ziel dieser Beziehung angesehen wird, mit der ganzen Energie von Männern und Frauen, die darauf bedacht sind, den Lebensstandard aller Kinder zu erhöhen, werden wir einen neuen Status des Familienlebens haben, der sauber und sauber sein wird edel und befriedigend für alle seine Mitglieder.

Der Wandel in all den verschiedenen Bereichen der menschlichen Arbeit kann von keinem heutigen Propheten genau vorhergesagt werden. Eine neue Stufe der Weiblichkeit können wir klar vorhersehen; stolz, stark, gelassen, unabhängig; großartige Mütter großartiger Frauen und großartiger Männer. Diese werden hohe Maßstäbe anlegen und Männer dazu anregen; durch keinen Zwang außer dem Anziehungsgesetz der Natur. Eine saubere und gesunde Welt, in der wir den Geschmack des Lebens genießen können wie nie zuvor seit der Rassen-Kindheit, mit Häusern voller Ruhe und Zufriedenheit – das können wir vorhersehen.

Kunst – im äußersten Sinne – wird vielleicht immer vor allem den Männern gehören. Es scheint, als ob dieser unaufhörliche Drang, sich auszudrücken, zumindest ursprünglich für den Mann am sympathischsten war. Aber angewandte Kunst in jeder Form und Kunst, die direkt zur Vermittlung von Ideen verwendet wird, etwa in der Literatur oder in der Redekunst, spricht Frauen genauso, wenn nicht sogar mehr, an als Männer.

Wir können keine sicheren Annahmen darüber treffen, welchen Unterschied, wenn überhaupt, es in der freien menschlichen Arbeit von Männern und Frauen geben wird, bis wir eine Generation nach der anderen unter absolut gleichen Bedingungen aufwachsen sehen. Bei all unseren Spielen, Sportarten und kleineren gesellschaftlichen Bräuchen wird es zu solchen Veränderungen kommen, die notwendigerweise mit der wachsenden Würde einhergehen, die dem Temperament der Frau und ihrem Standpunkt zukommt ; den Menschen nicht im Geringsten die volle Ausübung ihrer besonderen Kräfte und Vorlieben verweigern; aber diese neu zu klassifizieren, als nicht menschlich – lediglich männlich. Gegenwärtig haben wir in unseren Zeitungen Seiten oder Spalten mit der Aufschrift „Die Seite der Frau“, „Von Interesse für Frauen“ und ähnlichen abgrenzenden Titeln. In ähnlicher Weise könnten wir eindeutig männliche Dinge haben, die so markiert und spezifiziert sind; Es wird derzeit nicht davon ausgegangen, dass sie von allgemeinem menschlichem Interesse sind.

Die Auswirkungen des Wandels auf Ethik und Religion sind tiefgreifend und weitreichend. Mit dem Eintritt der Frau in das volle menschliche Leben tritt ein neues Prinzip in den Vordergrund; das Prinzip des liebevollen Dienens. Viele glauben, dass dies das Leitprinzip des Christentums ist; aber eine androzentrische Interpretation hat es völlig übersehen; und machten, wie wir gezeigt haben, den Wunsch nach einer ewigen Belohnung und den Kampf mit einem ewigen Feind zum wesentlichen Dogma ihres Glaubens.

Das weibliche Lebensgefühl ist völlig anders. Als Frau muss sie lediglich sie selbst sein und passiv anziehen; weder konkurrieren noch verfolgen; Als Mutter ist ihr gesamter Prozess ein Prozess des Wachstums; zuerst die Entwicklung des lebendigen Kindes in ihr und die wunderbare Nahrung durch ihren eigenen Körper; und dann all die spätere Kultivierung, um das Kind wachsen zu lassen; all das Beobachten, Lehren, Bewachen, Füttern. In nichts davon gibt es Verlangen, Kampf oder Selbstdarstellung. Die weibliche Haltung, wie sie in der Religion zum Ausdruck kommt, macht sie zu einer geduldigen praktischen Erfüllung des Gesetzes; ein Prozess großer sicherer Verbesserungen; eine grenzenlose tröstende Liebe und Fürsorge.

Diese volle Gewissheit der Liebe und der Macht; dieser endlose fröhliche Gottesdienst; die umfassende Versorgung aller Menschen; statt der wettbewerbsorientierten Auswahl einiger weniger „Gewinner“; ist die natürliche Darstellung religiöser Wahrheit aus der Sicht der Frau. Ihr Leitprinzip ist Wachstum und nicht Kampf; Ihre Haupttendenz besteht darin, zu geben und nicht zu bekommen; Sie lebt und lehrt diese religiösen Prinzipien leichter und natürlicher. Aus diesem Grund haben die umfassenderen, sanfteren Lehren der Unitarier- und Universalistensekten besonders Frauen angesprochen und so viele Frauen predigen in ihren Kirchen.

Dieses Prinzip des Wachstums, wie es im allgemeinen menschlichen Leben angewendet und genutzt wird, wird zu weitaus anderen Zielen führen, als die jetzt so schmerzlich sichtbaren.

In der Bildung zum Beispiel gibt es weder Belohnung noch Strafe als Ansporn oder Köder; ohne Konkurrenz, die Anstrengung und Feindseligkeit wecken könnte, sondern mit dem Gefühl eines Gärtners gegenüber seinen Pflanzen; Der Lehrer wird unterrichten und die Kinder lernen, in gegenseitiger Leichtigkeit und Freude. Hier gilt das Gesetz der passiven Anziehung, das zu einem solchen Einfallsreichtum in der Präsentation führt, dass das Interesse des Kindes geweckt wird; Und im wahren Sinne der Wachstumsförderung wird jedes Kind seine beste und umfassendste Ausbildung erhalten, unabhängig davon, wer „vor" oder „ihr" oder wer „hinter" ist.

Traurigerweise messen wir den Kohlstengel nicht am Maisstengel und loben den Mais dafür, dass er dem Kohl voraus ist – und regen den Kohl auch nicht dazu an, dem Mais nachzueifern. Wir nähren beides zu seinem besten Wachstum – und sind umso reicher.

Dass jedes Kind auf der Erde die richtigen Bedingungen haben soll, um ihm das bestmögliche Wachstum zu ermöglichen; Dass jeder Bürger von der Geburt bis zum Tod die Chance haben soll, alles zu lernen, was er oder sie assimilieren kann, und jede Kraft zu entwickeln, die in ihm steckt – zum Wohle der Allgemeinheit –, das wird das Ziel der Bildung unter menschlicher Führung sein.

In der Welt der „Gesellschaft" erwarten wir möglicherweise sehr radikale Veränderungen.

Bei allen Frauen handelt es sich um vollwertige Menschen, die in irgendeiner Form von Arbeit ausgebildet und nützlich sind. Die Klasse der vielbeschäftigten Müßiggänger, die ewig umherlaufen, „unterhalten" und „unterhalten" werden, wird ebenso vollständig verschwinden wie die Prostituierte. Keine Frau, die wirklich viel zu tun hat, könnte die Zeit für solch unbedeutende Vergnügungen haben; oder sie genießen, wenn sie Zeit hatte. Keine Frau mit echter Arbeit, einer Arbeit, die sie liebte und für die sie gut geeignet war, einer Arbeit, die geehrt und gut bezahlt wurde, würde den unnatürlichen Beruf ergreifen. Echte Entspannung und Erholung, alle Arten von gesundheitsfördernden Sportarten und Freizeitbeschäftigungen, die heute von beiden Geschlechtern geliebt werden, bleiben natürlich bestehen; Aber die festgelegte Struktur der „sozialen Funktionen" – so lächerlicherweise falsch benannt – wird mit den „Frauen der Gesellschaft", die sie ermöglichen, verschwinden. Einst aktive Mitglieder der echten Gesellschaft; Keine Frau konnte zur „Gesellschaft" zurückkehren, genauso wenig wie ein Raubtier zum Steckenpferd zurückkehren konnte.

Neue Entwicklungen in der Kleidung – klug, bequem, schön – sind zuversichtlich zu erwarten, da die Frau menschlicher wird. Kein vollständig menschliches Geschöpf könnte den Absurditäten standhalten, die unsere Frauen heute tragen – und schon seit trostlosen Jahrhunderten tragen.

So können wir in allen Aspekten des Lebens nach schnellen und weitreichenden Veränderungen Ausschau halten; aber natürlich und alles für immer. Die Verbesserung ist nicht auf eine inhärente moralische Überlegenheit der Frauen zurückzuführen; noch zu irgendeiner moralischen Minderwertigkeit der Menschen; Heutzutage sind Männer, da sie menschlicher sind, den Frauen in allen ausgesprochen menschlichen Belangen voraus; Doch ihre Männlichkeit verzerrt und entstellt, wie wir wiederholt gezeigt haben, ihr Menschsein. Die Frau ist von Natur aus der Rassentyp; und ihre weiblichen Funktionen sind den menschlichen Funktionen weitaus ähnlicher als diejenigen, die für die männlichen wesentlich sind; wird einen normaleren Einfluss auf das menschliche Leben bringen.

Unter diesem normaleren Einfluss werden unsere gegenwärtigen Funktionsstörungen natürlich dazu neigen, zu verschwinden. Die direkt brauchbare Tendenz von Frauen, die sich in jedem Schritt ihrer öffentlichen Arbeit zeigt, wird wenig Geduld mit alten Traditionen der Absurdität haben. Wir müssen uns nur lange aufgezeichnete Fakten ansehen, um zu sehen, was Frauen tun – oder versuchen zu tun, wenn sie Gelegenheit dazu haben. Selbst in ihrer verkrüppelten, erstickten Vergangenheit haben sie tapfere – nicht immer weise – Anstrengungen in Wohltätigkeit und Philanthropie unternommen.

Heutzutage wird dies durch die Frauenclubs in der ganzen Länge und Breite unseres Landes gezeigt. Kleine Gruppen von Frauen, die sich in menschlichen Beziehungen zusammenschlossen, zunächst vielleicht mit keinem besseren Zweck, als „ihren Geist zu verbessern", sind gewachsen und haben sich ausgebreitet; kombiniert und föderiert; und in ihren großartigen Berichten, die Hunderttausende Frauen repräsentieren, finden wir ein großartiges Zeugnis menschlicher Arbeit. Sie sind stets bestrebt, etwas zu verbessern, sich um etwas zu kümmern, zu helfen, zu dienen und zu profitieren. Bei der „Dorfverbesserung", in Wanderbüchereien, bei Vorlesungen und Ausstellungen, bei der Förderung einer guten Gesetzgebung; Unsere Frauenclubs zeigen in vielen edlen Bemühungen, was Frauen tun wollen.

Männer müssen diese Dinge nicht über ihre Clubs tun, die hauptsächlich dem Vergnügen dienen; Sie können über reguläre Kanäle erreichen, was sie wollen. Aber der Charakter und die Richtung des Einflusses von Frauen auf menschliche Angelegenheiten werden endgültig durch die Dinge bestimmt, die sie bereits tun und zu tun versuchen. In diesen Ländern und in unseren eigenen Staaten, in denen sie bereits vollwertige Staatsbürger sind, ist die von ihnen eingeführte und geförderte Gesetzgebung von demselben wohltätigen Charakter. Die normale Frau ist ein starkes Wesen, liebevoll und hilfsbereit. Die Art von Frau, die Männer fürchten, politische Macht anzuvertrauen, egoistisch, untätig, übersexuell oder ignorant und engstirnig, ist nicht normal, sondern das Geschöpf der Bedingungen, die Männer geschaffen haben. Wir brauchen keine Angst vor ihr zu haben, denn sie wird mit den Bedingungen, die sie geschaffen haben, verschwinden.

Früher, ohne naturwissenschaftliche Kenntnisse, akzeptierten wir das Leben als statisch. Wenn wir in China geboren wurden und mit gefesselten Frauen aufwuchsen, gingen wir davon aus, dass Frauen solche seien und es auch bleiben müssten. In Indien geboren, akzeptierten wir die Kinderfrau, die bemitleidenswerte Kinderwitwe, die ekstatische *Suttee* als natürliche Ausdrucksformen der Weiblichkeit. In jedem Zeitalter und in jedem Land haben wir angenommen, dass das Leben notwendigerweise das ist, was es war – eine unbewegliche Tatsache.

All dies verschwindet schnell in unserem neuen Wissen über die Gesetze des Lebens. Wir stellen fest, dass Wachstum das ewige Gesetz ist und dass sich sogar Steine langsam verändern. Das menschliche Leben gilt als ebenso dynamisch wie jede andere Form; und das Sicherste daran ist, dass es sich ändern wird. Im Lichte dieser Erkenntnis müssen wir die Last dessen, was wir „Sünde" nennen, nicht länger auf uns nehmen; das geballte Elend von Armut, Krankheit und Kriminalität; die umständlichen, unwirksamen, verschwenderischen Prozesse des heutigen Lebens als notwendig oder dauerhaft.

Wir müssen nur die *wahren* Elemente der Menschheit kennenlernen; seine wahren Kräfte und natürlichen Eigenschaften; Um zu erkennen, worin uns die falschen Vorstellungen und überkommenen Gewohnheiten früherer Generationen im Weg stehen, und um uns von ihnen zu befreien, können wir sicher und schnell einen weitaus edleren Lebensstandard einführen.

Von allen lähmenden Hindernissen, die falsche Vorstellungen mit sich bringen, gibt es keines, das allgemein schädlicher ist als dieser grundlegende

Irrtum über Männer und Frauen. Angesichts der alten androzentrischen Theorie haben wir eine androzentrische Kultur – die Art, wie wir sie bisher kennen; diesen kurzen Abschnitt nennen wir „Geschichte"; mit seiner stolzen und erbärmlichen Bilanz. Wir haben Wunder des Aufwärtswachstums vollbracht – denn Wachstum ist das Hauptgesetz, und man darf sich nicht gänzlich widersetzen. Aber wir haben dieses Wachstum Jahr für Jahr behindert, pervertiert und vorübergehend gehemmt; und immer wieder ist eine bestimmte Nation, die weit fortgeschritten und vielversprechend war, in den Ruin gesunken und hat eine andere verlassen, damit sie ihre Aufgabe der sozialen Entwicklung übernehmen kann; wiederholt seine Fehler – und sein Scheitern.

Eine der Hauptursachen für den Verfall von Nationen ist „das soziale Übel" – eine Sache, die ausschließlich auf die androzentrische Kultur zurückzuführen ist. Ein weiterer ständiger, endloser Hemmschuh ist die Kriegsführung – aus demselben Grund. Am größten ist die Armut; Diese sich ausbreitende Krankheit, die mit unserem sozialen Wachstum wächst und sich am schrecklichsten zeigt, wenn und wo wir am stolzesten sind und sozusagen mit dem Privatvermögen Schritt halten. Auch dies ist zu einem großen Teil auf die falschen Vorstellungen von Industrie und Wirtschaft zurückzuführen, die wie die anderen genannten auf einer völlig männlichen Lebensauffassung basieren.

Indem wir unsere zugrunde liegende Theorie in dieser Angelegenheit ändern , ändern wir alle daraus resultierenden Annahmen; und es ist diese Änderung unserer grundlegenden Lebenstheorie, die gefordert wird.

Der Umfang und Zweck des menschlichen Lebens geht völlig über den Bereich der sexuellen Beziehung hinaus. Frauen sind von Natur aus ebenso Menschen wie Männer; und als Frauen haben sie noch mehr Verständnis für menschliche Prozesse. Um das menschliche Leben in seinen wahren Kräften zu entfalten, brauchen wir die volle gleiche Staatsbürgerschaft für Frauen.

Die große Frauenbewegung und die Arbeiterbewegung von heute sind Teile desselben Drucks, desselben Weltfortschritts. Eine Wirtschaftsdemokratie muss auf einer freien Weiblichkeit beruhen; und eine freie Weiblichkeit führt unweigerlich zu einer Wirtschaftsdemokratie.

9 789359 254456